교회가 다르면
목회가 다르다

One Size Doesn't Fit All
Copyright ⓒ 1999 by Gary L. McIntosh
Published by Fleming H. Revell, a division of Baker Book House Company
P.O. Box 6287, Grand Rapids, MI 49516-6287

Korean translation copyright ⓒ 2010 by Kwonsoin, the Colporteur Books
Korean edition is published by Kwonsoin, the Colporteur Books arrangement with Baker Publishing Group..

All rights reserved. No part of this publication may be reproduced, stored in a retrieval system, or transmitted in any form or by any means?-for example, electronic, photocopy, recording?-without the prior written permission of the publisher. The only exception is brief quotations in printed reviews.

이 책의 한국어판 저작권은 저작권자와의 독점계약을 통해 도서출판 권서인에 있습니다. 신저작권법에 의해 한국 내에서 보호를 받는 저작물이므로 무단전재와 복제를 금합니다.

교회 크기에 따라 달라지는 목회와 성장의 법칙

교회가 다르면 목회가 다르다

게리 맥킨토시 지음 | 남예리 옮김

추천의 말

신학교를 갓 졸업한 신참 목사와 베테랑 목사의 대화로 전개되는 〈교회가 다르면 목회가 다르다〉는 교회가 어떻게 성장하는지, 교회의 크기가 어떻게 효과적인 사역 방법을 결정하는지를 집중적으로 다룬다. 독자들은 다음 질문들에 대한 답을 얻게 될 것이다.

교회는 어떻게 성장하는가?
우리 교회는 어떤 특성을 지녔는가?
변화는 어떻게 이루어지는가?
우리 교회는 어떻게 조직되었는가?

실질적인 지혜와 성경적 통찰로 가득 찬 이 책은 목회에 첫 발을 딛는 목회자, 교회 개척자, 주일 학교 교사와 교회를 염려하는 모든 평신도 리더에게 귀중한 자원이 될 것이다.

크기가 다른 교회들 사이의 중요한 차이점을 비롯하여 각각 다른 크기의 교회가 어떻게 기능하는지에 대해 깊은 통찰을 전해주는 이 책을 적극 추천합니다."

_닐 앤더슨, 예수 자유 선교회 (Freedom in Christ Ministries) 설립자 겸 회장

"작은 교회든 큰 교회든 성장에 갈급해 하는 모든 교회에 유익할 것입니다. 우리가 속한 교회가 어떤 크기든 최선의 모습으로 자라도록 도와줍니다." _켄 블랜차드, 1분 경영 (The One minute Manager) 공동저자

"이 책은 모든 교회가 자신의 크기에 적합한 원칙과 실행 위에서 굳건히 세워지도록 격려합니다." _조 올드리치, 멀트노마 신학교 총장 겸 명예교수

"이 책은 신참 목사뿐만 아니라 베테랑 목사까지도 절망과 고통에서 건져줄 것입니다." _어브레이 멜퍼스, 국제 비전 선교회 회장

차례

머리말 7

제1장 | 우리 교회의 크기는? · · · 9
제2장 | 우리 교회는 어떤 특성을 지녔는가? · · · 25
제3장 | 우리 교회는 어떻게 조직되었는가? · · · 39
제4장 | 누가 방향을 정하는가? · · · 57
제5장 | 담임 목사의 역할은 무엇인가? · · · 71
제6장 | 의사결정은 어떻게 이루어지는가? · · · 91
제7장 | 사역자 구성이 끼치는 영향은 무엇인가? · · · 107
제8장 | 변화는 어떻게 일어나는가? · · · 123
제9장 | 교회는 어떻게 성장하는가? · · · 143
제10장 | 무엇이 성장을 방해하는가? · · · 161
제11장 | 성장을 위한 전략은 무엇인가? · · · 181
제12장 | 이제 어디로 가야 하는가? · · · 209

감사의 말 223
옮긴이의 말 225
펴낸이의 말 226
주 227

머리말

 이 책은 교회를 성장뿐 아니라 질적으로도 성장시키지 못해 절망에 빠진 한 목사의 이야기다. 그는 경륜 있는 목사님께 상담을 구하고, 그분의 지혜로운 가르침을 통해 리더들이 교회 크기에 따른 차이점을 인정해야 교회가 제대로 성장할 수 있음을 배운다. 이 책에서 원로 목사가 젊은 목사에게 전해주는 비법들은 미국과 캐나다의 500여 개 교회에 대한 컨설팅 경험과 교회 성장학 연구를 바탕으로 내가 발전시킨 개념들이다.

 이 책을 읽는 모든 이들이 책의 핵심을 파악하여 자신들이 속한 교회가 성장하는 길을 발견하게 되길 바란다. 독자 개개인과 그들의 교회에 희망을 전해주는 책이 되었으면 좋겠다. 이제부터 소개할 이야기는 내가 컨설팅 경험을 통해 들은 이야기들을 편집한 것이다. 여기에 묘사된 인물과 예화는 실제 인물이나 교회와 일치하지 않음을 미리 밝혀둔다.

ONE SIZE DOESN'T FIT ALL

1장

우리 교회의 크기는?

What Size Are You?
우리 교회의 크기는?

💬 내 이야기는 5년 전으로 거슬러 올라간다. 나는 교회 사무실에 앉아 우리 아이들이 차고 앞에서 노는 모습을 보고 있었다. 마냥 즐거운 아이들의 모습 덕분에 목회를 시작한 지 고작 6개월 만에 찾아 든 절망감에서 잠시나마 해방되었다.

나는 8년 동안 목회에 대한 하나님의 부르심을 마음에 두고 있었다. 두 교회에서 중고등부 전도사와 부교역자로 섬긴 세월이 7년이요, 게다가 신학교 훈련까지 받았으니 이 정도면 한 교회를 맡기에 만반의 준비가 되었다고 느꼈다. 지금이야 내가 효과적인 사역에 대해 아무것도 몰랐음을 인정하지만 그때는 의욕이 대단했다.

아내와 80여 평의 넓은 사택으로 이사한 뒤 아이들을 동네 초등학교에 입학시키고 새로운 도시에 적응해 나갔던 첫 세 달은 순조로웠다. 4년 동안 세탁기와 건조기가 놓인 다용도실을 사무실로 사용하던 내게 개인 사무실이 생겼으니 큰 위로가 아닐 수 없었다. 사역은 매주 활기차게 돌아갔다. 신학교에서 배운 지식을 실전에 옮기는 재미가 쏠쏠했다. 설교 준비, 성경 공부 인도, 교회 프로그램을 총괄하는 모든 일들이 내 꿈과 소명을 성취시켜 주는 것 같았다. 성도들은 설교에 좋은 반응을 보여 주었고, 나도 목회를 시작한지 석 달이 채 되기도 전에 성도들을 모두 심방했을 정도로 열정이 넘쳤다. 성도 수는 서른세 명에 불과했지만, 교통량이 많은 고속도로에서 불과 두 세 블록 떨어진 곳에 위치한 교회라 성장의 가능성이 엿보였다.

석 달의 "신혼여행기"가 끝나자 서서히 현실이 드러나기 시작했다. 나는 전에 섬기던 교회에서 성공적이었던 프로그램들을 도입하려고 애썼지만 번번이 실패했다. 예를 들어, 전도폭발사역을 시작하려고 했다. 하지만 방문자 명단은 19명이 전부였다. 심방팀이 19명을 모두 방문했지만 영접 기도를 드린 사람은 단 한 명뿐이었다. 그러나 그 사람조차 교회에 나오지는 않았다. 방문자 명단이 고갈되자 방문 대상자가 없다는 이유로 사역은 중단되었다. 교회가 작다 보니 방문 중심의 전도를 지속할 만한 방문 대상자가 없었던 것이다.

다음으로 나는 주일 학교로 눈을 돌려 할 수 있는 일들을 찾아보았다. 안타깝게도 주일 학교 학생은 우리 아이 두 명이 전부였다. 교회 주변이 주거지에서 상업지로 바뀌는 상황이었기 때문에 우리 교회는 자녀를 데려올 만한 곳으로 여겨지지 않았다. 한때 성공적으로 주일학교 사역을 이끌었던 나로서도 기반조차 없는 이 작은 교회에서는 어쩔 도리가 없었다. 대학생들을 겨냥한 '커피 하우스' 같은 새로운 사역 형태도 나에게 실망만 안겨주었다. 학생들은 오지 않았다. 하지만 이 얘기는 다음에 하기로 하자.

담임목회를 시작한지 고작 6개월 만에 나는 어떻게 하면 이 작은 교회에 활력과 성장을 불어 넣을 수 있는지 고심하고 있었다. 신학교에서 배운 기독교 교육, 성경원어, 설교학, 교회사 등의 지식들은 훗날 내 사역을 뒷받침해주는 중요한 기반은 되겠지만, 나의 이 첫 소형 교회를 이끄는 기술은 알려주지 않았다.

이것이 내가 밥 모리슨Bob Morrison 목사님께 전화를 건 계기다. 밥 목사님은 이 지역 목사님들 사이에 평판이 좋았다. 목사님은 신학교를 졸업한 직후 바로 현재 섬기는 교회에 부임했다. 벌써 29년 전 이야기로, 당시 교회에는 여덟 가정밖에 없었다. 주목할 만한 점은 밥 목사님은 한 교회가 여러 단계를 거쳐 성장하는 모습을 지금까지 쭉 지켜봐 왔다는 사실이다. 현재 밥 목사님은 주일 아침 세 차례의 예배를 통해 1,750여 명에게 설교를 하고 있으며, 올 가을부터는 토요일 저녁 예배도 시작할 예정이다. 나는 밥 목사님이 젊은 목회자들을 잘 지도해준다는 얘기를 들었는데, 그게 바로 내게 필요한 것이었다.

우리가 처음 만나 아침식사를 하던 날, 내 얼굴에 수심이 가득했었는지 잠시 인사말이 오간 뒤 밥 목사님이 물었다.

"소형 교회 목회가 생각만큼 쉽지 않나?"

"그렇습니다, 목사님." 내가 말했다. "성도들이 친절하기는 하지만 제가 추진하는 일에는 무관심해 보입니다." 나는 지난 6개월 동안 시도했다가 물거품이 되어버린 프로그램 이야기를 비롯하여 같은 노력으로 큰 열매를 맺었던 예전의 경험들을 연달아 말했다.

사역 경험을 묻는 밥 목사님의 질문에, 대학생 시절 500여명이 다니는 교회에서 그리스도를 영접한 이야기부터 시작했다. 졸업 후에는 같은 교회에서 75명 이상의 학생들을 담당하는 중고등부 전도사로 섬겼다. 거두절미하고, 하나님이 어떻게 신학교로 부르셨는지와 신학교 졸업 후 300여명이 모이는 교회에서 부목사직을 맡았던 일을 나누었다. 내 책임은 주일 학교를 감독하고 중고등부 사역을 총괄하며, 매년 2주 동안 200명 이상의 학생들이 참가하는 여름성경학교를 주관하는 일이었다.

내 이야기를 끝까지 들은 목사님은 지난 경험들을 격려한 후 현재 무엇 때문에 힘들어 하는지 물었다. "글쎄요, 여러 가지 이유가 있겠지요." 나는 잠시 생각했다. "지난 운영위원 회의 때 있었던 일이 한 예가 될 것 같습니다."

회의 때 벌어진 이야기에 본격적으로 돌입하면서, 내가 어떻게 운영위원들을 도전하여 더 큰 비전을 품게 하려고 했는지 설명했다. 우리 교회에 대해 알게 된 점 한 가지는 사람들이 비전에 대해 너무나 무감각하다는 사실이다. 우리 교회의 평균 예배자 수는 한때 200명 이상인 적도 있었지만, 지난 10년 동안 두 번의 분열 끝에 35명으로 현격하게 줄어들었다. 성도들은 남은 사역을 지키는데 급급하여 움츠러져 있었다. 경험을 통해 나는 성장하는 교회는 비전이 있음을 배웠지만, 이 작은 교회는 '비전'의 '비'자도 모름이 분명했다. 회의 중 나는 임원들을 도전했다. "미래에 대해 우리 작은 꿈이라도 꾸어봅시다. 여러분은 우리 교회가 25년 후 어떤 모습이 되길 원하십니까?"

한참의 적막 끝에 운영위원회의 어른이신 프랭크 장로님이 웃으며 대답했다. "허허, 목사님, 저는 제가 그때까지 살아있을지조차 모르겠는데요." 제직들에게 25년은 너무 긴 시간임을 알아차린 나는 10년 후의 모습을 그려보자고 제안했다. 그러나 그것도 너무 멀게 느껴졌다. "5년 후는 어떻습니까?" 여전히 아무 대답이 없자, 마침내 나는 조금은 못마땅한 어투로 호소했다. "좋습니다, 하나님께서는 내년에 우리가 무엇을 하기를 원하실까요?"

사람들의 시선도 아랑곳하지 않고 나는 북받치는 감정을 쏟아내었다. "솔직히 저는 좀 당황스럽습니다. 운영위원회는 일 년을 내다보기도 버거워했습니다. 비전 없는 사람은 망한다는 사실도 모르는 것일까요?"

밥 목사님은 내 몸짓과 어투에 주의하여 한참 동안 내 이야기를 듣더니 말이 끝나자 첫번째 통찰을 전해 주었다. 목사님은 내가 일반적인 오해의 희생양 같다고 말했다,

> 교회 크기가 다르면 목회가 다르다.
> One size dosen't fit all.

나는 목사님의 말씀에 어리둥절하여 물었다. '교회 크기가 다르면 목회가 다르'니 그게 무슨 말씀이십니까?"

목사님이 설명하기 시작했다. "자네는 대형 교회에 적합한 방법으로 소형 교회를 이끌려고 하는 것 같네." 밥 목사님은 서류 가방에 손을 넣

어 종이 한 장을 꺼내 테이블 중앙에 올려놓았다. "미국 교회를 분류한 이 표를 한번 보게나."

예배 출석자수	백분율	예배 출석자수	백분율
2,000명 이상	99%	75-99	50%
800-1,999	98%	55-74	40%
400-799	95%	45-54	35%
250-399	90%	40-44	30%
200-249	85%	35-39	25%
150-199	80%	30-34	20%
140-149	75%	25-29	15%
130-139	70%	20-24	10%
100-129	60%	19명 이하	5%

밥 목사님은 교회 크기를 구분할 때 일반적으로 예배 참석자수가 등록 교인수 통계보다 더 신빙성 있는 것 같다고 말했다. 그리고 백분율이 보여주는 수치는 해당 크기보다 더 작은 교회들의 비율을 나타낸다고 설명했다. 예를 들어, 75%는 주일 예배 참석자수가 149명 보다 적은 교회가 전체 교회의 75%에 해당한다는 의미이다. 목사님은 이 표가 보여주는 몇 가지 중요한 점을 간단하게 요약했다. 첫째, 개신교 교회는 크기에 있어서 매우 다양하다. 둘째, 전체 교회의 절반이 주일 오전예배 참석자수가 평균 100명 이하이고, 80%가 200명 이하임을 볼 때, 대부분의 교회는 작다. 셋째, 전체 교회의 나머지 20%는 중형 교회와 대형 교회에 골

고루 속해있다. 믿을만한 통계에 따르면, 그 중 10%는 참석자가 200명에서 400명 사이이고 나머지 10%는 400명 이상이다. 넷째, 예배 참석자가 2,000명 이상인 초대형 교회는 전체 교회의 1%도 안된다.

이 표도 흥미롭기는 하지만, 밥 목사님은 소형, 중형, 대형의 교회 분류가 가장 유용하다고 강조했다. 목사님은 종이를 뒤집어 재빠르게 다른 표를 그렸다.

소형 교회	중형 교회	대형 교회
15-200	201-400	401 이상
전체교회의 80%	전체교회의 10%	전체교회의 10%

"200명이 모이는 교회가 어떻게 소형 교회가 될 수 있습니까?" 내가 말했다.

"이해하기 힘들 걸세." 밥 목사님도 동의했다. "내가 소형 교회와 중형 교회를 나누는 기준을 200명으로 정한 이유는 이 시점에서 교회의 특성에 중대한 변화가 일어나기 때문이라네. 예배 참석자가 200명 이하인 교회는 관계지향적이지. 그러나 한 교회가 200명 이상으로 자라면 프로그램 중심으로 바뀌게 된다네. 교회를 소형, 중형, 대형으로 나누는 기준은 바로 교회의 특성이야. 오늘은 교회의 세 가지 특성에 대해 설명할 시간은 없네. 이 얘기는 다음번에 더 하기로 하지."

"알겠습니다." 내가 말했다. "하지만 저는 여전히 29명의 교회와 149명의 교회를 똑같이 생각하는 것은 무리라고 봅니다."

"사실 소형 교회 안에서도 대,중,소의 세 단계가 존재하네. 주일 오전 예배 참석자가 평균 35명 이하인 교회들이 첫번째 단계에 속하지. 어떤 사람들은 이 가장 작은 형태의 교회를 채플chapel이라고 부른다네. 두번째 단계는 예배 참석자가 평균 36명에서 75명인 교회들이야. 바로 이 중간 단계의 교회들이 크기면에서 가장 전형적이라고 볼 수 있지. 세 번째 단계는 예배자 수가 76명에서 200명인 교회들이네. 이런 교회들은 누구의 자료를 읽느냐 혹은 어느 교단, 어느 교파에 속해 있느냐에 따라 중형 교회나 심지어는 대형 교회로도 분류되지. 하지만 나는 소형 교회로 본다네."

밥 목사님은 커피를 한 모금 마신 뒤 말을 이었다. "교회를 분류하는 기준은 수없이 많다네. 예를 들면, 신학적 입장, 인종, 지역, 성장과 침체, 건강상태, 예배 형식, 회중의 연령 등이 자주 사용되는 기준들이지. 그러나 가장 유용한 방법은 크기에 따른 분류라네. 교회를 크기 별로 비교하면 교단이나 지역 등의 수많은 다른 기준을 사용할 때 보다 사역에 필요한 유용한 정보들을 많이 얻을 수 있지."

밥 목사님이 커피를 마시는 틈을 타서 내가 반론을 제기했다. "다른 방법으로도 교회를 분류할 수 있고 실제로 다른 방법을 사용하기도 하지만, 크기 별 분류에 어떤 이점이 있다는 말씀이십니까? 교회는 다 같은 교회 아닌가요? 최근에 모든 교회는 크기와 상관없이 근본적으로 동일한 문제를 안고 있다는 연구 결과도 읽었습니다."[1]

밥 목사님은 물러서지 않았다. 교회들 사이에 유사점이 있음은 부정하지 않았지만, 한 교회를 효과적으로 이끌기 위해서는 교회가 크기에 따라 다른 필요를 안고 있음을 깨달아야 한다고 말했다. 목사님은 더 나아가 어떻게 소형 교회가 대형 교회의 단순한 축소판이 아닌 완전히 다른 실체가 되는지를 설명했다. 1,000명이 참석하는 교회에서는 성공적이었던 전략이 400명 혹은 35명이 참석하는 교회에서는 도움이 안 되는 경우가 많다. 교회 크기 별로 구체적인 전략이 필요하다. 유능한 교회 지도자는 이 점을 간과하지 않는다. 한 예로, 나사렛 교회the church of the Nazarene는 교단 교회들의 성장을 돕기 위해 지도자 훈련 과정으로 교회 크기 별 전략을 고안했다. 빌 설리반 박사Dr. Bill M. Sullivan의 독창적인 지도 아래, 세 가지 교회 크기 별 전략이 활발하게 시행되고 있다. 이 전략은 소형, 중형, 대형의 분류를 기반으로 한다.[2] 밥 목사님은 크기 별 교회 분류에 적어도 여섯 가지 주목할 만한 함축적 의미가 있다고 설명했다.

1. 대개 회중들은 사역을 계획할 때 교단보다는 교회 크기를 더 중요하게 생각한다.
2. 목사가 새로운 교회에 부임할 때 지리적 변화보다는 회중의 크기 변화가 적응에 더 큰 부담을 준다.
3. 훈련 세미나나 워크숍을 할 때 교회 크기를 중심으로 사람을 모집하면 다른 기준을 사용할 때보다 효과적인 경향이 있다.
4. 교단이 다르더라도 크기가 비슷한 교회끼리는 교단은 같지만 크기가 다른 교회들보다 수월하게 협력한다.
5. 교회의 크기가 변하면 성도들은 불안해한다.
6. 다른 교회로부터 배우고자 하는 리더들은 교단과 교파를 초월하여

비슷한 크기의 교회에 눈을 돌렸을 때 큰 도움을 받게 된다.3

"제 문제점 중 하나는 대형 교회 전략을 소형 교회에서 사용했다는 말씀이십니까?"

밥 목사님이 고개를 끄덕이자, 나는 다시금 우리 교회에 대해 생각해 보았다. 어쩌면 교회 크기에 대한 더 나은 이해가 사역에 도움이 될지도 모르겠다. 적어도 어디서부터 시작해야 되는지는 알 수 있을 것이다.

"획일적인 접근대신, 저희 교회에 맞는 방식으로 조정해야 한다는 말씀이시죠?"

"한편으로는 그렇다네." 밥 목사님이 대답했다. "하지만 내 노트를 다시 한번 보게나."

밥 목사님은 도표를 그렸던 종이를 집어 조금 전에 다루었던 개념을 다시 언급했다. 그는 1940년 윌리엄 셸던William Sheldon이 마른형, 둥근형, 표준형의 세 가지 기본 체형을 분류했던 일을 떠올렸다. 대부분의 사람이 각 유형을 조금씩 다 가지고 있기는 하지만, 우리는 모두 각자에게 조금 더 어울리는 어느 한 유형에 속한다. 같은 맥락에서 교회도 소형, 중형, 대형의 세 가지 기본 크기가 있다고 목사님은 주장했다. 모든 교회가 각 크기의 교회들의 일면을 조금씩 보여주지만, 각 교회는 해당되는 크기에 따라 일정한 특성을 지닌다. 모든 교회가 조금씩 다르기는 하지만, 이러한 일반적인 크기 분류는 왜 어떤 교회는 성장하고 어떤 교회는 침체하는지 그 이유를 밝혀준다.

"커피 더 하시겠어요?" 종업원의 질문에 대화가 끊겼다. "아니요, 계산서 주세요." 내가 말했다. "이렇게라도 상담료를 지불하고 싶습니다."

밥 목사님은 정중하게 나의 호의를 받아들이고는 고대했던 제안을 해주었다. 교회 크기에 대한 오늘의 이야기는 빙산의 일각에 불과하다며 다음 주에 다시 만날 수 있을지 물으셨다.

"제가 바라던 바입니다. 목사님께서 오늘 몇 가지 새로운 개념들을 전해주셨지만 뭔가 더 있을 것 같습니다."

"물론이지!" 목사님이 덧붙였다. "앞으로 10주 동안 둘이서 조찬모임을 가지면 어떨까? 소형, 중형, 대형 교회의 차이점을 비교하고 몇 가지 질문들에 답하면서 교회 크기에 대한 내 생각을 모두 나누고 싶네."

우리 교회는 어떤 특성을 지녔는가?
우리 교회는 어떻게 조직되었는가?
누가 방향을 정하는가?
담임 목사의 역할은 무엇인가?
의사결정은 어떻게 이루어지는가?
사역자 구성이 끼치는 영향은 무엇인가?
변화는 어떻게 일어나는가?
교회는 어떻게 성장하는가?
성장을 가로막는 장애물은 무엇인가?
성장을 위한 전략은 무엇인가?

"좋습니다!" 나는 접시를 밀어내고 수첩을 꺼내 테이블 위에 올려놓았다. "지워지지 않게 볼펜으로 적어 두겠습니다."

"두 가지만 더 얘기하지." 밥 목사님은 숙제를 내주었다. "먼저 부탁이 있네. 이번 주에 시간을 내서 자네 교회가 중형 교회나 대형 교회와 어떻게 다른지 관찰해 보게나. 짧은 목록을 만들어 다음 주에 가지고 오게. 이 숙제를 해오면, 식사는 내가 사겠네. 마지막으로, 가기 전에 내가 기도해주고 싶네."

정리하기

나는 한 주 동안 더 고민해 보려고 목사님이 메모했던 종이를 집어 들었다. 교회에 도착할 때까지 소형, 중형, 대형 교회의 차이점이 여러 개 생각났다. 여러분은 어떤 차이점들을 얘기할 수 있는가?

소형 교회	중형 교회	대형 교회
15-200명	201-400명	401명 이상
전체교회의 80%	전체교회의 10%	전체교회의 10%

2장

우리 교회는
어떤 특성을 지녔는가?

What Is the Church's Orientation?
우리 교회는 어떤 특성을 지녔는가?

나는 한 주 내내 '교회 크기가 다르면 목회가 다르다'는 밥 목사님의 명제에 대해 생각해 보았다. 그동안의 사역 경험에 비추어 곰곰 생각하면 할수록 옳은 말이었다. 집에서부터 목사님과 만나기로 한 식당까지 8킬로미터를 운전하는 동안, 소형, 중형, 대형 교회의 차이점을 다시 한 번 속으로 되새겨보았다. 오늘은 또 어떤 새로운 것을 배우게 될까? 주차장에 들어서자, 목사님이 식당 안으로 들어가는 모습이 눈에 띄었다. 차를 주차하고 뒤따라 들어가니 목사님은 이미 자리에 앉아 있었다. 밥 목사님은 일어나 나를 맞으며 장난스럽게 물었다. "오늘 아침은 누가 사게 되는 건가?" "목사님이십니다." 나도 맞장구를 쳤다. "말씀하신 대로 숙제를 해왔습니다."

식사를 주문 한 후, 목사님은 내 목록을 보자고 했다. 나는 머릿속에 맴도는 여러 가지 생각들 중 몇 가지만 적어보았노라 덧붙이며 수첩에서 한 장을 뜯어 목사님께 드렸다.

소형 교회	중형 교회	대형 교회
모든 사람을 안다	일부만 안다	거의 모른다
가족 모임 같은 식사교제	프로그램 중심의 식사교제	대형모임 중심의 식사교제
대가족	확대 가족	여러 가족들

"좋은 출발일세." 목사님이 격려해 줬다.

"각각 의미하는 바를 간단하게 설명해 주겠나?"

나는 크기가 다른 교회들의 첫번째 차이는 안면이 있는 사람의 수에 있음을 지적하며 설명에 들어갔다. 소형 교회의 장점 중 하나는 모든 성도를 안다는 점이다. 그러다 교회가 커져 조금 복잡해지면 이름을 아는 사람의 수가 줄어든다. 대형 교회로 접어들면 자신이 속한 그룹 밖의 사람들은 거의 모르고 지낸다.

교제권의 이 같은 변화는 식사교제 방법에서도 나타난다. 예를 들어, 소형 교회의 식사교제는 각 가정이 음식을 한 가지씩 가져오는 형태의 가족 행사이다. 친교의 목적이 아니면 함께 식사할 일도 없다. 가족이 그렇듯이, 함께 식사하는 것 자체가 모임의 이유이다.

대조적으로, 중형 교회는 교회 안에서 진행되는 프로그램을 보강하기 위한 목적으로 식사를 하는 경우가 많다. 친교가 주목적이 아니라 주일학교 기획이나 새신자 돌보기 등 교회 사역을 보강하는 것이 목적이다. 결과적으로 이러한 식사 모임에는 전체가 아닌 일부만 참석한다. 여기서 일부란 전교인의 5%정도에 해당하는 수가 아닐까 하는 나의 추측도 얘기했다.

　대형 교회에서는 전도대회나 자선바자회 같은 규모 있는 행사를 지원하는 목적으로 단체 식사를 한다. 집에서 음식을 가져오기보다는 식당에 주문하는 경우가 많다. 마지막 항목이 지금까지 언급한 내용을 모두 함축한다고 볼 수 있다. 소형 교회가 하나의 대가족이라면, 대형 교회는 여러 가족들의 모임인 것이다. 중형 교회는 여러 가족들로 성장하는 과정 중에 있는 확대가족이다.

　내가 얘기하는 내내, 밥 목사님은 "그렇군", "계속 하게나", "물론이지" 등의 대답으로 나의 소견을 격려해 주었다. 아침 식사를 하면서 밥 목사님은 교회를 크기에 따라 구분하는 핵심 질문을 다루어 주었다.

우리 교회는 어떤 특성을 지녔는가?

　밥 목사님이 말을 꺼내자마자 나는 수첩을 펴고 필기하기 시작했다. "모든 교회에는 중심 조직 원리, 즉 특성이 있다네. 소형 교회의 조직 원리는 관계 중심이네. 가족 중심이라고도 할 수 있지. 우리는 소형 교회를 하나의 대가족으로 볼 필요가 있어. 사람들이 모이면 가족 같은 분위기가 조성되지. 서로 모르는 사람이 없다네. 식사교제는 마치 가족 모임과도 같아. 단체 식사는 예를 들어 장례식을 치른 가정이나 주일 학교 소풍을 위해 혹은 결혼 50주년을 축하하기 위한 목적으로 이루어지는데, 이를 통해 가족 간의 유대감이 짙어진다네."

밥 목사님이 가족 중심의 예로 소개해 준 시 한편을 나는 지금까지 한 자도 빠뜨리지 않고 읊을 수 있다.

거대한 세상에서
소형 교회는 친밀감을 잃지 않는다.
빠르게 움직이는 세상에서
소형 교회는 자기 속도를 지킨다.
사치스러운 세상에서
소형 교회는 소박하다.
복잡한 세상에서
소형 교회는 단순하다.
이성적인 세상에서
소형 교회는 감성을 잃지 않는다.
출렁이는 세상에서
소형 교회는 닻이 된다.
익명의 세상에서
소형 교회는 우리의 이름을 불러준다.[1]

나는 많은 소형 교회들의 풍성한 사역과 헌신의 역사는 바로 이 가족 중심의 인간미 덕분임을 알게 되었다. 어떤 목사님은 이렇게 표현했다. "소형 교회에서 우리는 성도들을 안다. 그들의 이름, 가족, 관심사, 하는 일까지 모두 안다. 우리가 설교하는 대상은 처음 보는 얼굴이 아닌 친숙한 얼굴이다. 누군가는 은혜를 받으리라 희망하며 말씀의 씨를 흩뿌리지 않는다. 우리의 설교는 이미 알고 있는 실제 문제와 필요들을 겨냥한 것이다.

소형 교회에서 우리는 두터운 관계에 있는 사람들을 향해 사역한다. 소형 교회의 대표적인 특징은 바로 친밀감이다."[2]

소형 교회에 가본 사람이라면 누구나 관계 중심의 현실을 실감했을 것이다. 예외가 있을 수도 있지만, 대부분의 소형 교회들은 관계에 큰 비중을 둔다. 이러한 관계 중심의 조직 원리는 선호도, 의사결정, 선택, 판단, 선거, 결론, 해결점, 투표에 두루두루 영향을 끼친다.

"반대로," 밥 목사님이 말을 이었다. "중형 교회의 중심 조직 원리는 프로그램 중심이라고 할 수 있네. 중형 교회는 하나의 확대가족이기보다는 성경공부, 서클, 친교 모임, 클럽, 구역 모임 등의 여러 가족 집단의 집합체와 같지. 어떤 중형 교회는 단순히 과잉 성장한 소형 교회에 불과한 경우도 있지만, 진정한 의미의 중형 교회는 영향력 있는 수많은 그룹이 복잡하게 섞여있는 모습이라네.

중형 교회의 팽창은 해당 조직의 프로그램이나 사역과 동반하여 이루어지지. 중고등부는 중고등부 사역과, 여전도회는 여전도회 사역과, 젊은 부부 그룹은 젊은 부부를 위한 성경 공부와, 노인 그룹은 노인 학교와 뗄 수 없는 관계에 있다네. 조직 원리의 중심은 더 이상 대가족과 같이 관계에 있지 않고, 여러 개의 그룹에 종속된 프로그램에 있지. 의사결정에 영향을 미치는 요인은 가족의 승낙 여부가 아니라 프로그램의 존속 여부라네."

"납득이 됩니다." 내가 대답했다. "제가 300명이 모이는 교회에서 부목사로 섬길 때는 모든 것이 프로그램에 의해 돌아가는 것 같았습니다. 지금 저희 교회는 프로그램에는 전혀 관심이 없습니다. '사람이 프로그램보다 중요하다'는 말을 귀가 닳도록 들었습니다. 목사님 말씀 그대로입니다."

밥 목사님이 설명을 이어갔다. "비교를 계속 해보자면, 대형 교회를 가장 잘 표현해낸 말은 저명한 교회 컨설턴트인 라일 쉘러Lyle E. Schaller가 소개한 '교회들의 교회'라는 개념일세.[3] 중형 교회에서 모임들이 커지면, 그 모임들은 실제적으로 하나의 큰 교회 안에 존재하는 소형 교회의 기능을 하게 되지. 때문에 교회들의 교회라고 말하는 것이네. 교회에 참여하는 사람이 많을수록 거대해진 교회의 건강과 생명력을 유지하기 위해 추가적인 조직과 체계적인 공동체 생활이 필요하네. 이러한 이유로 대형 교회는 '조직의 특성'이라고 불리는 중심 조직 원리를 갖게 되는 것이지. 간단히 말해서, 소형 교회는 행복한 대가족으로, 중형 교회는 하부 모임들의 집합으로, 대형 교회는 하나의 조직체와 같아."

"아주 흥미로운 비교입니다." 내가 끼어들었다. "성도 500명의 교회에서 중고등부 전도사로 섬길 때, 사람들 입에서 관용어처럼 사용되던 '오전예배 사람들' 혹은 '9시 회중들'이라는 말을 통해 '교회들의 교회'의 실체를 목격할 수 있었던 것 같습니다. 돌아보니 그 교회가 분명 교회들의 교회였네요."

나는 수첩에 이렇게 적었다.

교회의 특성 혹은 중심 조직원리

소형 교회	중형 교회	대형 교회
관계 중심	프로그램 중심	조직체 중심

나는 밥 목사님을 바라보며 말했다. "현재 저희 교회에도 적용됩니다. 이 교회에서 과거의 경험을 반복하려던 저의 시도가 얼마나 저희 교회의 중심 조직원리를 무시한 행위였는지를 깨닫게 됩니다."

"그렇다네." 밥 목사님도 동의했다. "프로그램 기획에 중점을 두는 것은 중형 교회에서는 통하겠지만, 소형 교회의 특징은 간과한 것이네. 운영위원회가 비전을 갖도록 도전할 때 자네가 쓴 방법도 대형 교회에서는 적절했겠지만, 관계중심적인 소형 교회에서는 통하지 않는 거지. 내 말을 오해하지는 말게." 목사님은 주의를 주었다. "프로그램과 비전 모두 아주 중요하네. 하지만 소형 교회에서는 이런 주제들이 관계적으로 다뤄져야 하네."

"이제야 조금 알 것 같습니다." 내가 불쑥 말을 꺼냈다. "교회의 특성성에 비추어 생각하니 이해가 훨씬 쉬운 것 같습니다."

"그렇고말고." 밥 목사님이 미소를 지었다. "여기서 조금만 더 깊이 들어가 보세. 라일 쉘러가 다시 말하길, 두 가지 형태의 공동체가 있는데 하나는 관계적 공동체이고 다른 하나는 엄격한 공동체라고 했지. 이 구분은 소형 교회와 대형 교회의 구분과 어느 정도 일치한다네. 관계적 공동체에서는 집단 의식이 개인을 규정하네. 공동체가 구성원들의 삶의

척도가 되는 가치와 믿음과 책임을 정해주지. 가정과 역사 그리고 땅을 공유한 이런 교회는 공동체 의식을 갖고 있기 때문에 스스로를 잘 알아. 이들은 과거로부터 정체성을 찾으며 이 정체성은 일정한 리듬과 불변성을 가진 전통에 의해 전수된 것이지. 어떤 면에서 과거는 언제나 현재야. 다른 방식으로 일한다는 것은 상상조차 할 수 없기 때문에 변화나 창조성이라는 말은 적으로 간주되지. 교회의 목표는 세상을 변화시키는 것이기보다는 서로를 더 알아가는 데 있네."

"엄격한 공동체에서 구성원들은 공동의 목표를 위한 수많은 계약들에 의해 서로 연결되어 있네. 공동체의 목표에 도달하는 데 있어서 구성원들은 전체의 생산성과 성공을 바탕으로 비전과 계획의 가치를 평가, 수용한다네. 이들의 정체성은 과거보다는 미래에 의해 결정되지. 따라서 변화나 창조성이라는 말은 하나님을 위해 더 위대한 일을 시도하도록 도전한다네. 이들의 목표는 하나님의 나라를 세우기 위해 자기의 몫을 해내는 것이지."4

"정말 유용한 구분입니다." 내가 말했다. "엄격한 공동체에 익숙한 사람인 제가 관계적 공동체를 이끌려고 했던 것이 모순이었던 것 같습니다. 그러면 중형 교회는 어떻습니까? 어디에 속하는 것입니까?"

밥 목사님은 내 수첩을 가져다가 그림 하나를 그리고 설명했다.

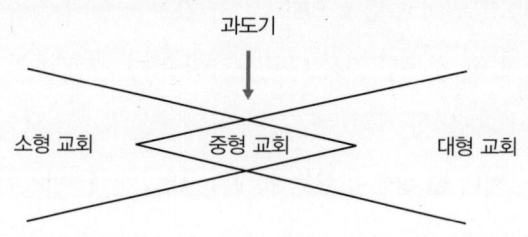

"지난 29년의 관찰 결과, 예외도 있지만 대부분의 중형 교회는 그 성격상 과도기에 있는 것 같네."

"과도기라니 그게 무슨 말씀이십니까?"

방금 그린 그림을 가리키며 밥 목사님이 말했다. "왼쪽이 소형 교회네. 방금 설명한 관계적 공동체라고도 할 수 있지. 라일 쉘러의 조사에 따르면, 미국 개신교 교회의 표준 크기는 소형이라고 하네. 그의 연구는 100명 이하의 소형 교회가 미국 개신교의 표준임을 확인 시켜주지. 전체 교회의 약 5분의 3이 여기에 해당하거든.5 이것은 소형 교회에 대한 내 정의가 조금 더 넓다는 점만 빼고는 지난 주에 내가 자네에게 주었던 표와 일치하네. 요점은 소형 교회가 표준이라는 것이지."

"무슨 말씀인지 알겠습니다. 저희 동네를 운전해 다니다 보면 정말 많은 소형 교회들이 눈에 띄어요. 그러나 우리가 읽고 듣는 것은 모두 대형 교회에 대한 것 같습니다."

"당연하네." 밥 목사님이 대답했다. "소형 교회가 표준일지는 몰라도 늘 어나는 것은 대형 교회네. 대형 교회의 수는 1950년대 이래로 적어도 4배 이상 늘어났는데, 이것은 놀라운 일이 아닐 수 없지. 대부분의 교회 성장이 성도 300명 이상의 교회에서 일어났기 때문에 그런 교회들을 대상으로 연구가 이루어진 것은 당연하다고 볼 수 있네. 우리 모두 교회가 성장하기를 바라네. 적어도 나는 자기 교회가 퇴보하길 바라는 지도자에 대해서는 들어본 적이 없네. 주목할 것은 대형 교회가 특히 1955년 이후 출생한 상당한 인구를 끌어당기는 경향이 있다는 점이야. 적어도 교회에 참석하는 1955년 이후 세대 중 절반이 상위 10%의 대형 교회에 나가고 있네."

"소형 교회가 표준 크기이고 대형 교회의 수가 증가한다는 말씀 잘 알 겠습니다. 하지만 중형 교회는 어디에 속합니까?"

"사실, 소형 교회와 대형 교회의 수는 증가하는 반면, 중형 교회의 비율은 줄고 있어.[6] 근본적으로 중형 교회는 어느 정도 과도기에 있는 것 같네. 모든 대형 교회는 한 때 소형이었다가 중형을 거쳐 대형으로 자란 것 아니겠나? 따라서 일정 비율의 교회들은 이 과도기를 통과하는 것이 분명하네. 하지만 수 년에 걸쳐 수적 성장을 이룬 중형 교회는 대형 교회로 계속 자라나기 위해 사역을 조정해야 하는 상황에 처하게 되지. 만약 적절한 조정에 실패할 경우, 교회는 일정 기간 정체에 빠지거나 다시 소형으로 돌아가게 된다네. 어떤 중형 교회는 정체에 빠졌다가 그대로 남을 수도 있겠지만, 끌어 내리는 힘은 끌어 올리는 힘보다 강한 법이네. 정체된 교회가 작아지는 것은 시간문제지."

"잠깐 그 수첩 좀 주시겠습니까?" 내가 요청했다. 밥 목사님이 테이블 위로 건네 준 수첩에 나는 그림 하나를 더 그려 넣었다.

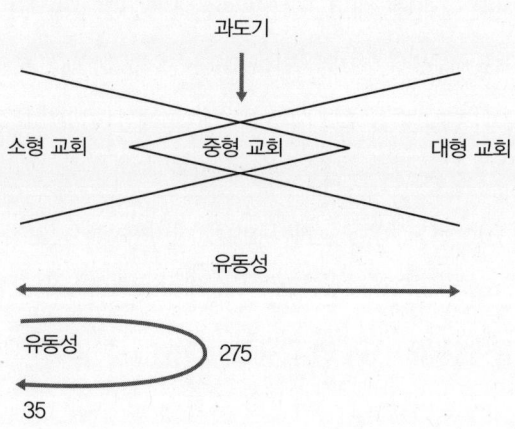

"어쩌면 교회는 한 크기에서 다른 크기로 넘나들 수 있다는 생각이 듭니다. 그렇습니까?" 내가 물었다.

"그렇다네." 밥 목사님이 대답했다. "자네가 그려 넣은 첫번째 선이 유동성의 개념을 잘 보여주고 있군. 두 번째 그린 선은 무엇인가?"

"그것은 저희 교회의 역사입니다. 저희 교회는 약 30년 전 이 지역에서 사역의 꿈을 꾸었던 소수의 그룹에 의해 세워졌습니다. 그러나 예배 참석자수 275명의 최고치에 이르기까지는 거의 20년이라는 세월이 걸렸습니다. 성도들은 대형 교회로 진입하는 문턱에서 조정의 필요성 여부를 놓고 의견 일치를 보지 못하고 투표를 했습니다. 목사님의 용어를 빌리자면, 관계적 공동체가 엄격한 공동체를 이겼고 결국 교회는 갈라졌습니다. 관계적 공동체에 속한 사람들은 소형 교회의 관계적 특성을 지켜냈다는 생각에 기뻐했습니다. 엄격한 공동체의 사람들은 비전의 상실을 개탄하며 교회가 퇴보하고 있다고 주장했습니다. 몇 년 후 교회는 또 다시 갈라졌고 점차 35명의 소형 교회로 줄어들었습니다. 전형적인 경우인지도 모르죠."

"슬픈 일일세. 보아하니 자네 교회는 중형 교회에서 흔히 일어나는 일을 경험한 것 같구먼. 중형 크기의 많은 교회들이 내가 "늘어난 셀" stretched cell이라고 부르는 어색한 상황에 처해있네. 다음 번 만날 때 여기에 대해서 더 얘기하겠네."

"같은 시간, 같은 장소에서 만날까요?" 내가 물었다.

"좋지."

정리하기

그 주에 나는 새벽 2시에 잠에서 깨어 소형, 중형, 대형 교회들의 중심 조직 원리에 대해 생각한 적도 있다. 잠재의식 속에서 새로운 깨달음이라도 얻으면 곧잘 이렇게 깨곤 한다. 늦은 밤 떠오르는 생각들을 적어 놓느라 침대 옆에 수첩을 항시 대기시켜 놓았다. 오늘 밤 나는 각 크기의 교회들의 중심 조직 원리에 대한 나의 관찰 목록을 적기 시작했다. 이 목록에 여러분의 의견도 첨가해보라.

교회의 특성 또는 중심 조직 원리

소형 교회	중형 교회	대형 교회
관계 중심	프로그램 중심	조직체 중심
전교인이 교회 봉사의 날에 참여	남성도팀이 교회 봉사의 날을 조직하고 지원	인력을 고용하여 맡김
전교인을 위한 크리스마스 파티	그룹/반 별 크리스마스 파티	다양한 크리스마스 파티 기획
과거를 중시	현재를 중시	미래를 중시

3장

우리 교회는 어떻게 조직되었는가?

How Is the Church Structured?
우리 교회는 어떻게 조직되었는가?

💬 아내와 나는 매주 월요일 저녁을 가족 시간으로 떼어 놓았다. 교회 모임이 주로 저녁 시간에 생기기 때문에 특별한 주의를 기울이지 않으면 가족 시간을 갖기가 어렵다. 가족 시간을 갖는 가장 효과적인 방법은 일주일 중 하루를 정해놓는 것임을 알았고, 우리는 지난 3년 동안 이 시간을 지켜왔다.

하지만 이번 월요일 저녁만큼은 아이들에게 집중하기가 어려웠다. 밥 목사님과 나누었던 대화가 자꾸만 떠올랐다. 다섯 살 된 딸이 자기가 제일 좋아하는 장난감인 만화경을 들고 내 무릎 위로 올라왔다. 딸아이는 빛을 향해 만화경을 들고 조금씩 돌리며 달라지는 그림을 들여다보기를 좋아한다. 내 얼굴에 만화경을 들이대는 아이 덕에 이번에는 내가 작은 구멍 안을 뚫어지게 볼 차례였다. 만화경이 만들어내는 뒤얽힌 그림들을 보고 있으려니 내 마음은 다시 소형, 중형, 대형 교회에 대한 밥 목사님의 이야기로 돌아갔다. 밥 목사님의 눈을 통해 교회를 보는 것은 만화경을 통해 보는 것과 같았다. 나는 완전히 새로운 그림을 보고 있었다. 목사님과 만날 때마다, 나는 교회에 대한 새로운 인식과 깨달음을 얻었다.

다시 만났을 때 목사님은 '맥킨토시의 크기별 교회유형McIntosh's Typology of Church Sizes'이라는 제목의 카드를 건네주었다. 그 카드에는 목사님이 말했던 교회 크기 별 차이점이 요약되어 있었다. 첫 세 목록은 지금까지 나누었던 토의 내용이었다.

맥킨토시의 교회 크기 별 유형

구분	소형 교회	중형 교회	대형 교회
크기	모든 사람을 안다	일부만 안다	401명 이상의 예배자
특성	15-200명의 예배자	201-400명의 예배자	대형모임 중심의
구조	관계 중심	프로그램 중심	조직체 중심
구분	싱글 셀	늘어난 셀	멀티플 셀

"목사님께서는 교회 크기에 대해 어떻게 이렇게도 많이 아십니까?" 내가 물었다.

"글쎄," 목사님이 설명했다. "나는 수 년 동안 교회들을 관찰해 왔네. 그러던 어느 날, 우편으로 교회 성장 세미나에 대한 광고 전단을 받았지. 별 도움이 안 되는 세미나에 여러 번 참석해 보았기 때문에 처음에는 회의적이었네."

"저도 그렇습니다, 목사님." 내가 동의했다.

"그 당시 우리교회는 정체기에 있었다네. 대형 교회로 가는 길목에서 발목이 묶인 중형 교회라고나 할까? 나는 그 이유를 알 수가 없었어. 혹시라도 도움이 되는 통찰을 얻을까 해서 그 세미나에 참석하기로 했지. 창시자인 게리 맥킨토시 박사Dr. Gary L. McIntosh가 직접 진행했던 그 세미나는 배움의 가치로 따지자면 최고였네. 그의 강의를 들을 수 있었던 것은 나에게 축복이었지. 바로 거기서 '늘어난 셀'에 대해 배웠거든."

"맞아요! '늘어난 셀'이 무엇입니까? 목사님께서 오늘 말씀해 주신다고 하셨습니다."

"사실 교회 조직 전반에 대해 얘기할 필요가 있네." 밥 목사님이 설명하는 동안 나는 민첩하게 받아 적었다.

밥 목사님은 교회를 크기에 따라 소형, 중형, 대형으로 구분하려고 할 때 대개들 숫자를 떠올린다고 했다. 하지만, 교회는 "싱글 셀single cell", "늘어난 셀stretched cell", "멀티플 셀multiple cell"로 구분하는 편이 낫다고 제안했다. 소형 교회는 싱글 셀인 경우가 많고, 중형 교회는 늘어난 셀, 대형 교회는 대개 멀티플 셀이다.

"세미나에서 맥킨토시 박사에게 들었던 한 이야기가 아직도 생생하게 기억나네." 밥 목사님이 말을 이었다. "맥킨토시 박사는 교육 목사 후보생으로 아이오와 주에 있는 한 교회를 방문했던 일을 얘기했지. 설교를 마친 후 목사님은 집으로 돌아가는 성도들을 배웅하려고 교회 정문에 서 있었다네."

"많은 성도들이 자신과 다른 성도들의 관계를 언급했다네. 거의 모든 성도가 일가친척이거나 사돈 지간이었다지. 250명에 육박하는 교회 전체가 사촌, 이모, 고모, 삼촌, 부모, 자녀, 조부모로 얽히고설킨 관계였던 것이네."

밥 목사님은 이 이야기를 회상하는 것이 무척이나 재미있는 듯 보였다. 목사님은 이런 교회는 명백한 "싱글 셀" 교회라고 말했다. 대개의 싱글 셀 교회는 등록 교인 혹은 예배 참석자의 수가 적지만, 큰 교회도 싱글 셀 교회로 분류될 수 있다. 바로 이 이야기에 나오는 교회의 경우다. 수적으로는 중형이지만, 구조적으로는 소형 교회 즉, 싱글 셀이었다.

밥 목사님은 싱글 셀 교회의 세 가지 특징을 소개했다.

1. 친밀한 교제
2. 한 두 가정이 교회의 중심에 있다.
3. 하나의 대가족과 같은 분위기다.

밥 목사님이 말했다. "싱글 셀 교회는 서로가 서로를 다 아는 친밀한 관계가 특징이네. 성도간의 교제는 주일 아침으로 끝나지 않고 지역사회에서 행해지는 다양한 활동들을 통해 지속되지. 성도들은 가치, 스타일, 역사, 추억, 관심사 등을 공유한다네."

"교회의 핵심 사역을 맡은 한 두 가정이 의사 결정에 지대한 영향력을 행사한다네. 이 핵심 가정들은 신념, 충성심, 자부심 등이 몸에 배어있지. 교회가 전통에 충실한 이유는 변화에 저항하는 이들의 불굴의 의지 때문이기도 하다네."

"교회 식구들의 서로에 대한 사랑과 보살핌을 통해 대가족과 같은 분위기가 조성된다네. 위기나 고통, 어려움 가운데 있는 성도는 교회 안에서든 밖에서든 교회 식구들의 지지와 지원을 신뢰할 수 있지."

자세한 설명을 마친 후 밥 목사님은 싱글 셀 교회를 보여주는 다음 도표를 그렸다.

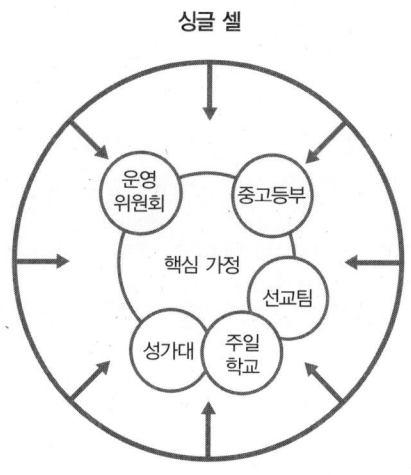

싱글 셀

밥 목사님은 이어 설명했다. "이 도표는 싱글 셀 교회의 내부 구조를 보여준다네. 보다시피 핵심 가정이 모든 프로그램과 사역에 연관되어 있네. 핵심 가정의 구성원들은 각 그룹에 골고루 속해있긴 하지만, 모두 한 가정의 일원들이네. 의사 결정을 하는 운영위원들의 대다수가 이 핵심 가정에서 뽑히기 때문에 핵심 가정은 교회 전체에 상당한 통제력을 갖게 되지. 교회의 초점을 나타내는 화살표가 내부로 향하여 싱글 셀의 필요, 돌봄, 관심사, 흥미를 가리키고 있음을 주목하게나."

밥 목사님이 지적하길, 새로 나온 사람이 다음 기준에 도달하지 못하면 싱글 셀 교회에서 수용되기 어렵다고 했다.

1. 핵심 가정의 일원이다.
2. 핵심 가정의 일원과 결혼했다.
3. 사교적인 성격이다.
4. 교회가 필요로 하는 재능, 은사, 돈, 명성 등을 가졌다.
5. 핵심 가정과 함께 어려움을 겪고 있다.

"잠깐만요, 목사님." 내가 끼어들었다. "우리 교회가 싱글 셀 교회임은 분명히 알겠습니다. 그런데 늘어난 셀 교회는 무엇입니까?"

"조금만 기다려보게. 멀티플 셀 교회에 대해 얘기한 후, 늘어난 셀 교회로 넘어가세." 밥 목사님은 자신의 노란 색 종이 위에 다음 도표를 그렸다.

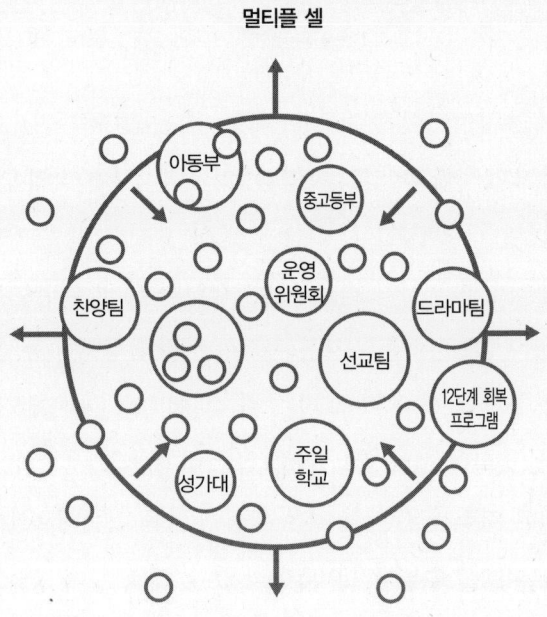

"이것이 멀티플 셀 교회라네." 목사님이 말했다. "교회 안에는 등록 교인도 있고, 그렇지 않은 사람도 많지. 사람이 너무 많기 때문에 한 사람이 모든 사람을 알기는 실제로 불가능하네. 교회 참석자들은 크고 작은 모임들에 연관되어 있으며, 대부분 서로 정기적인 연락은 거의 혹은 전혀 취하지 않는다네. 멀티플 셀 교회는 하나의 대가족이기 보다는 가족들의 모임, 즉 교회들의 교회야. 사람을 알고 사랑하고 보살피고 위기 때에 도와주는 것은 바로 이 작은 셀들 안에서 이루어지지. 또한 안팎 모두를 향한 균형 있는 초점을 갖고 있다네. 안팎을 향하는 화살표들이 보이는가? 이것은 싱글 셀 교회에서는 볼 수 없는 현상이야. 새로 나온 사람들이 싱글 셀 교회보다 멀티플 셀 교회에 적응하기 쉽다고 느끼는 이유 중 하나는 모임에 대한 선택의 폭이 넓기 때문이라네."

밥 목사님은 멀티플 셀 교회의 특징을 나열했다.

1. 사람이 너무 많아서 다 알기 어렵다.
2. 사람들이 참여할 수 있는 모임, 성경 공부, 구역 모임이 다양하다. 교회는 교회들의 교회이다.
3. 교회의 지도력은 여러 모임과 셀을 대표한다.

"의사 결정권이 한 두 가정에 집중되어 있지 않음을 이해하는 것이 관건이네. 각 교회들의 리더십에 대해서는 다음에 얘기하겠지만, 싱글 셀 교회와는 달리 하나가 아닌 여러 그룹을 대표하는 사람들이 운영위원회를 구성한다는 점을 수첩에 적어두게. 지도부의 구성이 싱글 셀과 멀티플 셀의 차이를 보여주는 핵심 요소지."

"싱글 셀과 멀티플 셀 교회를 마음에 새기고, 이제 늘어난 셀에 대해 생각해 보세." 밥 목사님이 또 노란 공책에 그림을 그리며 말했다.

"지난주에 내가 어떤 중형 교회는 소형 교회와 대형 교회 사이에서 과도기적 상태에 있다고 했던 말을 기억하는가?"

"네," 나는 고개를 끄덕였다. "목사님께서는 중형 교회는 과도기라는 다소 어색한 단계에 있다고 말씀하셨습니다."

"잘 기억하고 있군. 이것이 늘어난 셀이네." 목사님은 방금 그린 도표를 가리키며 말했다.

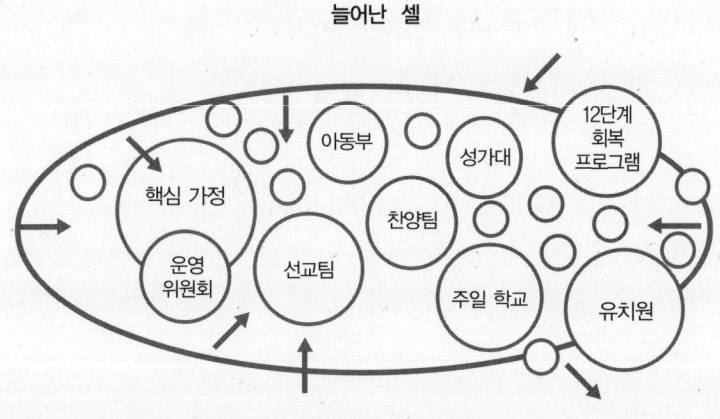

"지금 자네는 소형에서 시작하여 크게 성장한 중형 교회를 보고 있네. 뭐 생각나는 것 없는가?"

나는 밥 목사님의 그림을 유심히 살피면서 추측해 보았다. "성가대,

선교팀, 주일 학교 등 소형 시절에 있었던 주요 사역들이 그대로 남아있습니다. 하지만 12단계 회복 프로그램, 찬양팀, 유년부 등 몇 가지 새로운 사역들이 추가되었네요."

"맞네. 새로운 사역이 교회 성장과 직접적으로 관련될 수도 있네. 대개 새로운 그룹, 성경 공부, 사역의 추가는 새로 나온 사람들이 교회 사역에 참여하도록 기회의 문을 열어 주거든."

"또 무엇이 보이는가?" 밥 목사님은 내가 그림을 더 유심히 살피도록 유도했다.

"또 무엇을 봐야 하는지 모르겠습니다." 나는 더듬거리며 말했다.

"핵심 가정이 여전히 존재한다는 사실을 놓치지 말게. 그리고…"

"아, 이제야 보입니다!" 내가 불쑥 말을 내뱉었다. "핵심 가정이 여전히 그 자리에서 교회에 영향력을 행사하고 있습니다."

"그렇다네!" 밥 목사님은 내가 늘어난 셀의 핵심적인 특징을 파악했다는 사실에 기뻐했다. "교회가 수적으로는 소형에서 중형으로 성장했지만, 핵심 가정이 변함없이 책임을 맡고 있다는 사실이 흥미롭지 않은가? 늘어난 셀은 수적으로는 중형 교회로 여겨질 만큼 충분히 컸지만, 운영위원회에 새로운 리더가 추가되지 않은 교회라네. 이런 교회는 소형 교회로 보기에는 너무 크고, 멀티플 셀 교회로 보기에는 아직 작지. 진정한 멀티플 셀 교회의 지도부는 다양한 그룹을 대표한다네. 늘어난 셀 교회는 규모는 크지만 여전히 한 그룹에 리더십이 집중되어 있어. 바로 이전의 싱글 셀 구성원들이지."

나는 수첩에 늘어난 셀 교회의 특징을 정리했다.

1. 교회의 크기는 중형이다.
2. 새로운 프로그램과 사역은 새로운 사람들을 교회로 인도하는데 효과적이다.
3. 계속해서 지도부는 거의 전적으로 기존 가정에 의해 구성된다.

"참 흥미롭습니다. 이것이 의미하는 바는 무엇이지요?" 내 질문에 목사님이 대답했다.

"무엇보다 교회가 소형으로 돌아갈 위험에 있다는 사실이지. 이것은 내 손에 있는 이 고무줄과도 같아. 이 헐렁한 고무줄이 소형 교회라고 치세. 어느 날 비전을 가진 목사님이나 평신도 그룹이 몇 가지 새로운 사역을 시작한다고 하자. 새 사역은 새로운 사람들을 교회로 인도하기 시작하고, 결국 교회는 고무줄을 잡아당길 때처럼 커지게 될 걸세. 이 고무줄처럼 팽팽하게 늘어나는 거지. 이 팽팽한 상태를 그대로 유지하기 위해서는 계속해서 힘을 주고 있어야 해. 그렇지 않으면 원래 상태로 줄어들기 때문이지.

늘어난 셀에서는 몇몇 사람이나 그룹 혹은 사역이 교회를 팽창시키는 촉진제 역할을 한다네. 촉진제가 존재하는 한, 교회는 계속해서 커지지. 그러나 목사가 교회를 사임하거나 새로운 사역이 중단되는 등 촉진제가 사라지게 되면, 교회는 줄어들게 되어 있어. 대개 한번 늘어난 적이 있는 교회는 원래 크기로 돌아가기보다는 훨씬 더 오그라들지."

"아까 말한 세미나에서 맥킨토시 박사는 늘어난 셀에 대한 좋은 예를 들려주었네."

"박사님의 친구가 예배자 85명의 소형 교회에 부임했다네. 그 교회의 운영위원회는 모두 3명으로 구성되었는데 두 명은 교회의 핵심가정 일원이고, 나머지 한 명은 바로 새로 부임한 그 목사님이었다네. 그 후 4년 동안 교회는 평균 예배 참석자수가 300명이 될 만큼 성장했어! 여러 가지 변화들이 교회 성장에 기여했다고 볼 수 있어.

아동부 프로그램이 새로 시작하여 주중에 150여명의 아이들이 교회로 몰려들었어. 여러 가정들이 이 아동부 프로그램을 통해 교회를 알게 되고 교회 식구가 되었지. 목사님은 평상복을 입고 강대상 밖으로 나와 사람들 사이를 돌아다니며 원고도 없이 설교하는 등 격식을 허문 설교를 하기 시작했어. 역시 이 기간 동안 주일 오전예배에서 현대적인 감각의 경배와 찬양이 시작되었고."

"이 모든 요소들이 함께 어우러져 4년 동안 예배 참석자가 215명이나 늘어난 것이지. 하지만 불행히도 이 기간 동안 운영위원회에 새로 영입된 임원은 단 한 명에 불과했어. 운영위원회는 새로운 사역 개발을 저지하고 목사님이 제안하는 창조적인 아이디어에 거부권을 행사하며 이전의 소형 교회로 되돌아가려고 몸부림쳤어. 이 교회는 늘어난 셀의 전형적인 예라네. 교회는 성장했으나 운영위원회는 본질적으로 똑같이 남아 있었던 것이지. 결국 박사님의 친구는 교회를 떠났고, 그 후 일 년도 되기 전에 교회는 125명으로 줄어들었다네. 처음의 85명까지 줄지는 않았지만 중형 교회로 남지도 못했지."

"모든 중형 교회는 늘어난 셀입니까?" 내가 물었다.

"그렇지는 않네. 교회의 지도부를 보면 알 수 있어. 만일 중형 교회의 지도부가 여전히 소형 교회 시절의 핵심 가정으로만 구성되었다면, 그 교회는 늘어난 셀이야. 하지만 지도부가 여러 가지 새로 생긴 셀과 새로 나온 사람들을 대표한다면, 그 교회는 진정한 의미의 중형 교회가 된 것이지. 이런 교회는 또한 대형 교회로 성장할 수 있는 좋은 기회에 놓여 있어."

"목사님께서 참석하셨던 그 세미나의 이름을 한 번 맞춰보겠습니다." 내가 말했다. "'교회 크기가 다르면 목회가 다르다' 아닙니까?"

"어떻게 알았나?" 목사님이 씽긋 웃으며 물었다.

정리하기

내가 담임하는 교회가 싱글 셀 교회임은 이미 알았지만, 밥 목사님은 다시 한번 확인해 볼 수 있는 질문지를 주셨다. 이 질문지를 통해 여러분은 자신이 속한 교회가 싱글 셀, 늘어난 셀, 멀티플 셀 중 어디에 해당하는지 알게 될 것이다. 여러분의 교회를 가장 잘 묘사해주는 항목 앞에 표시하라.

_____ 1. 성도들 중 대부분은 서로의 이름을 알고 교회 밖에서도 만날 기회가 많다.

_____ 2. 성도들은 서로 어느 정도는 알지만 다 알지는 못한다. 교회 밖에서 만날 기회가 조금은 있다.

_____ 3. 성도들은 자신이 속한 그룹이나 성경공부반을 벗어나서는 다른 사람을 거의 알지 못한다. 교회 밖에서는 만날 기회가 거의 없다.

_____ 4. 대부분의 성도들은 교회 근처에 살거나 쉽게 올 수 있는 거리 안에 산다. 대부분 같은 지역에 살거나 일관된 지역적 정체성을 갖고 있다.

_____ 5. 교회 근처에 사는 성도도 있고 조금 떨어진 곳에 사는 성도도 있다. 어떤 성도들은 다른 지역에서 차를 타고 오는데 오는 길에 여러 교회들을 지난다.

_____ 6. 교회 근처에 사는 성도는 거의 없고 대부분 다른 지역에서 차를 타고 수많은 교회들을 지나온다. 성도 중 대다수가 교회가 위치한 지역과는 상관이 없다.

_____ 7. 대가족 같은 교회이다. 많은 사람들이 서로 연관되어 있거나 수년 동안 친구로 지내왔다.

_____ 8. 교회는 새로운 사람들이 나오면서 성장했지만, 운영위원회는 여전히 몇몇 핵심 가정이나 개인으로 구성되었다.

_____ 9. 성도들 중에 혈연관계가 있는 사람들은 거의 없으며 운영위원회는 교회 안의 다양한 사람들과 그룹들을 대표한다.

_____ 10. 모든 성도가 친밀감과 연대감을 누릴 수 있는 정기적인 식사 교제가 있다.

_____ 11. 새신자를 환영하거나 새로운 사역을 기획하고 실행하기 위해서 해당되는 그룹에 한하여 식사교제를 한다.

_____ 12. 자원 봉사자들을 격려하거나 또는 프로그램을 기획하는 등 새로운 목표를 소개하기 위한 큰 행사들을 중심으로 비정기적인 식사교제가 있으며, 이때 음식은 주문하는 편이다.

_____ 13. 교회의 리더십은 몇몇 핵심 인물들에게 집중되어있으며, 의사 결정은 다소 비공식적으로 이루어지는 것 같다.

_____ 14. 교회에 자원봉사자 혹은 리더로 섬기는 새로운 일꾼들이 많지만, 여전히 운영위원회는 오랫동안 신임 받은 성도들로 구성되었다. 의사 결정은 위원회에서 이루어진다.

_____ 15. 교회의 리더십은 다양한 그룹을 대표하는 사람에게 골고루 나누어졌다. 의사결정은 운영위원회와 같은 공식 모임을 통해 이루어진다.

_____ 16. 교회의 사역과 행사는 전 성도의 참여로 이루어지며 각 가정의 대표는 거의 빠짐없이 참석한다.

_____ 17. 교회 행사는 소그룹에 의해 추진되며 교회 전체가 다 참여하지는 않는다.

_____ 18. 교회 행사는 직원이나 외부 인력이 전담한다.

물론 예외도 있지만 1, 4, 7, 10, 13, 16은 싱글 셀 교회에 해당한다. 2, 5, 8, 11, 14, 17은 늘어난 셀 교회에 해당하며 3, 6, 9, 12, 15, 18은 멀티플 셀 교회에 해당한다
간혹 어떤 교회는 세 가지 유형을 골고루 갖추고 있는데, 이는 대개 교회가 한 유형에서 다른 유형으로 넘어가는 과도기에 있음을 나타낸다.
여러분의 교회는 어디에 속하는가?

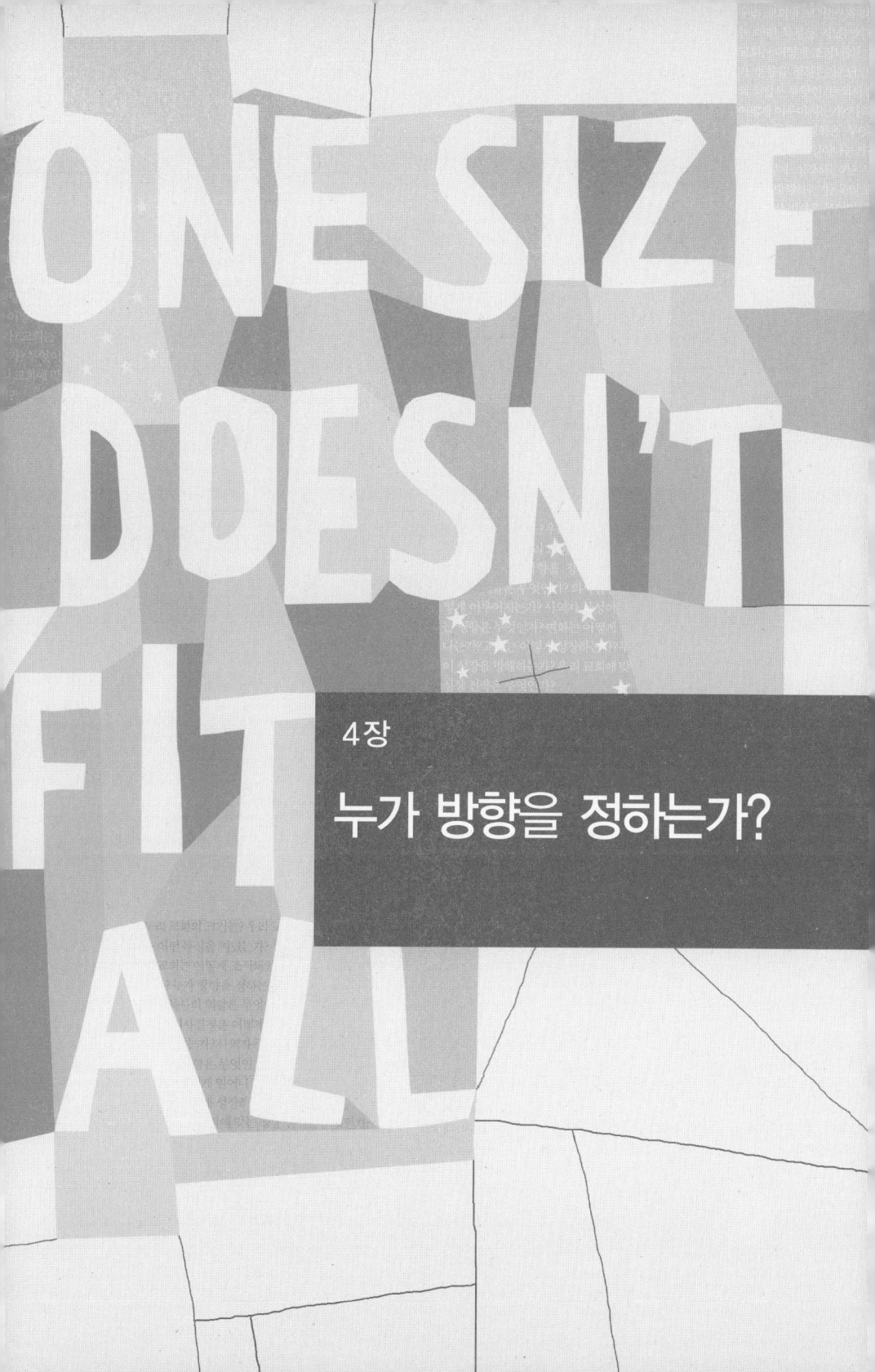

4장

누가 방향을 정하는가?

Who Sets the Direction?
누가 방향을 정하는가?

💬 지난 주 밥 목사님이 건네준 질문지를 통해 우리 교회는 싱글 셀 교회임을 확인했다. 수적으로는 중형인 교회가 지도부의 구성에 따라 어떻게 늘어난 셀이 될 수 있는지에 대한 목사님의 설명이 아주 흥미롭게 다가왔다. 다음 번 만날 때는 조금 일찍 도착해서 이 부분에 대해 좀 더 생각해 보기로 작정했다.

맥킨토시의 교회 크기 별 유형 카드를 꺼내 목록을 훑다가 그날의 토론 주제인 '리더십' 항목에서 시선이 멈췄다. 리더십 항목에 적힌 차이점들을 생각하는데 온 정신이 쏠려 목사님이 말을 걸어오기 전까지는 와 계신 줄도 몰랐다.

"언제 왔는가?" 목사님이 내 건너편 자리에 앉으며 물었다.

맥킨토시의 교회 크기 별 유형

구분	소형 교회	중형 교회	대형 교회
크기	15-200명의 예배자	201-400명의 예배자	401명 이상의 예배자
특성	관계 중심	프로그램 중심	조직체 중심
구조	싱글 셀	늘어난 셀	멀티플 셀
리더십	핵심가정	위원회	선출된 리더들

"15분 전쯤이요, 지난번 나누었던 얘기들을 다시 생각해 보고 싶어서 조금 일찍 왔습니다."

"잘 했네. 특별히 나누고 싶은 얘기는 없는가?"

"저희 교회 지도부의 현주소에 대해 생각해 보았습니다. 어떻게 새로운 리더를 보충하여 늘어난 셀이 되는 것을 피할 수 있을까 하고요."

나도 이제 밥 목사님이 무언가를 설명할 때는 항상 그림을 그린다는 사실 정도는 안다. 목사님이 냅킨을 꺼내 그림을 그렸을 때 나는 별로 놀라지 않았다.

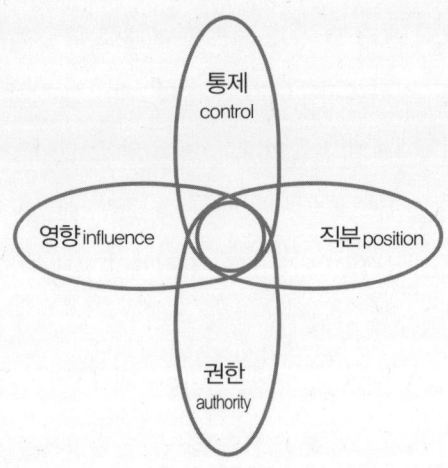

"내가 보기에," 목사님이 말씀을 시작했다. "효과적인 리더십은 직분, 권한, 영향력, 통제력의 네 가지 구성요소로 이루어져 있네." 밥 목사님은 그림을 가리키며 리더십의 각 측면을 설명했다.

"리더십의 첫번째 구성 요소는 직분이네. 어느 교회나 모든 성도들로부터 책임을 맡은 존재로 인식되는 개인이나 부서가 있어. 리더십의 위치에 있는 사람들은 일이 잘못 되면 비난 받고 잘 되면 칭찬을 받지. 이러한 리더들은 대개 운영위원회의 구성원들이지만, 아닌 경우도 있지."

"두 번째 요소인 권한은 결정권을 말하네. 가장 기본적인 권한은 '예'와 '아니오'를 말하는 능력이지. 한 개인이나 부서가 매번 권한을 독점하는 일은 거의 없지만, 이런 일이 종종 발생하기도 하네. 하지만 대부분의 경우 의사 결정권은 제한된 영역에서만 행사된다네. 예를 들어, 중고등부 목사는 중고등부실에 대한 권한은 있지만, 친교실 사용에 있어서는 허락을 받아야 하는 것처럼 말일세."

"또 다른 요소는 영향력이네. 사람들을 인도하기 위해서는 일정한 방향을 따르도록 그들의 마음을 움직일 줄 알아야 하네. 지휘하는 능력은 곧 영향력을 가졌다는 의미야. 몇 년 전, 달라스 베일러 병원의 리더십 협회 회장인 프래드 로치가 이 개념을 이용하여 리더를 정의하길, '목적을 이루도록 사람들에게 영향을 끼치는 자'라고 했지.[1]

"마지막 요소는 통제야. 이것은 일을 성취시키는 능력을 말하지. 효과적인 리더들은 일을 성취할 수 있는 파워가 있어. 말로만 하는 것이 아니라 행동으로 옮기지."

"이 모든 요소들이 합쳐져 리더십 파워를 만들어낸다네. 직분, 권한,

영향력, 통제력 말일세."

꺼림칙한 마음이 들어 내가 물었다. "저는 '파워'란 용어가 조금 거북합니다. 그런 말을 써도 괜찮은 것입니까?"

"오해하지 말게나." 목사님이 설명했다. "나는 악하거나 부당한 힘에 대해서 말하는 것이 아니네. 자네도 동의하겠지만, 한 교회에서 누군가는 방향을 정하고 결정을 내리고 후원을 체계화하고 비전을 제시하고 계획을 세워야 하네. 언젠가 타임지에 실렸던 글에 '누구에게 책임이 있는가?'라고 묻고는 '국가는 리더십을 요구하는데 나서는 사람이 없다'고 답하더군.[2] 교회도 마찬가지일세. 누군가는 주도권을 잡아야 하네. 다르게 표현하자면 '누가 방향을 정하는가?'라고 물을 수도 있겠지. 책임은 맡았지만 권한이 주어지지 않아서 일을 제대로 이루지 못했던 경험이 있지 않은가?"

"지금 제가 바로 그런 상황에 있습니다. 성도들은 제가 교회에 새로운 생명력을 불어넣길 바라지만, 정작 의사 결정권은 주지 않고 있습니다. 저에게 직분, 혹은 목사님 말씀에 따르면 책임은 주어졌지만 권한, 영향력, 통제력은 거의 없습니다."

"정확하게 보았네." 목사님은 바로 말을 이었다. "담임 목사의 리더십 역할에 대해서는 다음 시간에 자세히 얘기 할 것이지만, 한 교회의 리더십에 대해서라면 '누구에게 책임이 있는가?'라는 질문에 답해보면 된다네."

"인격의 문제는 리더십 파워와 어떻게 연관되어 있나요?" 내가 물었다. "이 그림은 디모데전서 3장에 나오는 인품에 대해서는 말하지 않는 듯합니다."

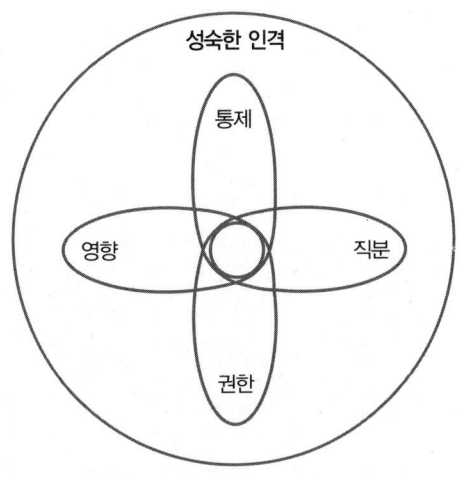

 "대충 그렸는데도 잘 알아들었군." 목사님이 동의했다. "사실 성숙한 인격은 리더십 파워를 뒷받침해주지. 인격이 없이는 영적 능력도 없네. 아마도 이 그림 바깥에 원 하나를 더 그려주면 되겠군. 리더십 파워의 네 가지 요소에 능력을 부여하는 것은 바로 리더의 성숙한 인격이지."

 "크기가 다른 교회들의 리더십을 비교하기 전에 한 가지 더 생각해 볼 점이 있네. 강력한 리더십은 리더십의 네 가지 요소가 모두 합쳐질 때 발생해. 리더십의 모든 요소가 한 개인이나 그룹에 모아질 때 엄청난 리더십 잠재력을 만들어내게 되지."

 밥 목사님은 통합된 리더십을 보여주는 그림을 그렸다.

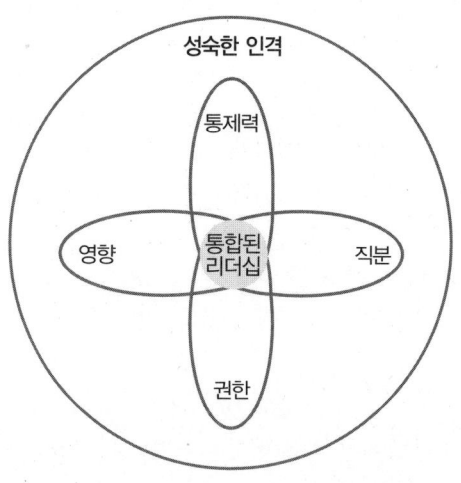

"이제 다시 큰 주제로 돌아가세. 각 크기의 교회들의 리더십 파워는 어디에 있을까?"

밥 목사님은 숨도 돌리지 않고 리더십 파워에 대한 이 같은 개념이 각 크기의 교회에 어떻게 적용되는지 설명했다. 그날 우리의 대화는 매우 길어졌기 때문에 여기서는 간략하게 요약해 보겠다.

목사님의 설명에 따르면, 많은 경우 소형 교회의 리더십 파워는 몇몇 핵심 가정이 갖는다. 일반적으로 소형 교회는 장기 출석교인과 한 두 가정을 중심으로 운영위원회가 구성되곤 한다.

우리 교회는 목사님이 설명한 교회의 전형적인 예다. 전교인 35명 중 11명이 운영위원이다. 11명 모두 평균 15년 이상 된 장기 위원들이다. 이들 중 7명은 두 핵심 가정의 가족 구성원들이고, 나머지 4명은 그들의 가까운 친구다. 이들은 직분, 영향력, 권한, 통제력이라는 모든 리더십 파워의 구성요소를 가졌다. 나에게 '목사'라는 리더십 직분은 있지만 일을 성취시키기 위해서는 핵심 가정이 이끌고 나가게 해야 한다.

많은 소형 교회에서 찾아 볼 수 있는 리더십 파워의 또 다른 측면은 밥 목사님이 '주도적인 리더the initiating leader', '교회의 아버지the patriarch', '교회의 어머니the matriarch'라고 부르는 인물들의 특성과 관련된다. 소형 교회의 핵심 가정들 내부의 어느 한 사람은 가족들의 지원하에 주도적으로 방향을 정할 수 있다. 예를 들어, 우리 교회에서 이 역할을 하는 사람은 '교회의 아버지'와 '교회의 어머니'의 아들이다. 그가 교회를 위해 내놓는 새로운 의견은 언제나 수용된다. '교회의 아버지'와 '교회의 어머니'는 우리 교회에서 가장 연세가 많은 부부로서 핵심 가정의 대표이기도 하다. 그들의 역할은 모든 교인들에게 교회의 역사와 전통을 상기시키는 일과도 같다. 나는 그들의 동의 없이는 어떤 일도 이루어 질 수 없음을 곧 깨달았다. 물론 이것이 두 분의 아들이 '주도적인 리더'의 역할을 성공적으로 해낼 수 있는 이유이기도 하다.

흥미롭게도 소형 교회의 운영위원회는 모든 리더십 파워를 갖고도 그것을 교회가 전진하는데 사용하지 않는다. 오히려 목사님을 비롯한 모든 사람들에게 하지 말아야 할 것을 알리는 것을 소임으로 여긴다. 운영위원회가 행사하는 거부권의 쓴맛을 경험해본 사람이라면 이때 느끼는 좌절감의 극치를 잘 알 것이다.

다음으로 넘어가, 밥 목사님은 소형 교회가 중형 교회로 자라날 때 생기는 흥미로운 변화에 대해 언급했다. 이때 리더십 파워는 핵심 가정을 떠나 주요 위원회에서 통합된다. 실제로 사용하는 이름은 교회마다 차이가 있겠지만, 위원회, 부서, 팀 등 그 이름이 무엇이건 비슷한 양상을 보인다. 소형 교회가 중형 교회로 자라나기 시작할 때 핵심 가정의 구성원들과 그 측근들은 교육부, 선교부, 청빙부, 예배부, 재정부 등 다양한 부서들을 섬기게 된다. 교회가 커졌어도 핵심 가정은 이러한 경로들을 통해 겉으로 드러나지는 않지만 어느 정도의 영향력을 유지할 수 있다.

밥 목사님은 이런 일이 어떻게 생기는지 자신의 경험을 일례로 들려주었다. 목사님의 이야기는 이렇다.

"우리 교회는 5년 동안 예배자 수가 75명에서 280명으로 늘어났지. 주일 오전예배에 새로운 얼굴이 등장할 때마다 모든 성도들은 기쁨과 흥분을 감추지 못했네. 하나님께서 우리 기도에 응답하셨다고 믿고 의기양양했지. 그런데 제대로 가고 있는 줄로만 알았던 우리 교회가 웬일인지 성장률이 저조하고 부활절 같은 특별한 주일을 제외하고는 예배자 수가 250명에서 280명 사이를 맴돌았다네."

"나는 우리교회의 발목을 잡고 있는 것이 무엇인지 알아내기 위해 필사적으로 노력했어. 곧 알게 된 사실은 우리가 운영위원회와 각 부서에 새로운 리더를 추가하지 않았다는 점이었지. 리더들의 명단을 만들어 보니, 소형 교회 시절에 리더십 파워를 가졌던 가정의 구성원들이 여전히 통제권을 행사하고 있다는 사실을 확인할 수 있었어."

"그들이 더 이상 같은 부서에 속하지는 않았지만 여러 부서에 걸쳐 중요한 직분들을 맡고 있었네. 교회의 어머니는 주일 학교 감독자로, 교회의 아버지는 장로로, 그의 아들은 교회 회계 담당자로, 그의 아내는 여전도회 회장으로, 조카는 장로회 위원장으로 섬기고 있었지."

"그들은 교회에 상당한 통제권을 행사하는 직분을 도맡았다네. 새로운 리더가 등장하기도 했지만 그 뒤에는 늘 기존 리더들의 보이지 않는 손이 존재했어."

"리더십 파워를 다른 사람들에게 확장시키려던 내 노력은 기존의 막강한 리더십에 의해 번번이 좌절되었지."

목사님은 반복해서 말했다. "핵심 가정이 계속해서 다양한 위원회와 부서에 대해 통제권을 행사하면 교회는 늘어난 셀이 되어버리고 마네. 위원회와 부서에 새로운 리더가 영입되어야만 교회가 전진할 수 있고, 진정한 의미의 중형 교회로 자랄 수 있지."

밥 목사님은 더 나아가 제안하길, 중형 교회가 대형 교회로 발전할 때 리더십 파워는 투표를 통해 선출된 리더들을 중심으로 통합된다고 했다. 대형 교회의 리더들은 대개 혈연보다는 능력과 은사를 바탕으로 선출된다. 또한, 운영위원회, 재정 예산위원회, 인사위원회, 비서부 등 우리가 예상할 수 있는 범위 내에서 섬긴다. 대형 교회의 리더들은 여러 개의 다른 셀이나 가정에서 뽑히긴 하지만, 리더십의 서열이 여전히 은밀하게 존재하기도 한다. 대형 교회는 장기 출석 교인으로서 40세 이상의 남자들 가운데 언변이 좋고, 사업을 하거나 전문직에 종사하며 리더십 경험이 있는 사람을 리더로 선호하는 경향이 있다.

처음엔 금방 끝날 줄로만 알았던 만남이 길어졌다. 각 교회의 리더십에 대한 목사님의 경험과 통찰을 통해 얻은 교훈들에 나는 다시 한번 놀랐다. 먼 산을 응시하며 목사님의 분석이 내가 처한 상황에서 어떤 의미가 있는지 생각해 보았다.

"지금까지 나눈 내용들에 대해 어떻게 생각하는가?" 밥 목사님의 질문에 나는 정신이 번쩍 들었다.

"한 가지 분명한 것은" 내가 천천히 입을 열었다. "저희 소형 교회를 충실하게 이끌기 위해서는 리더십 파워를 가진 사람들과 협력할 필요가 있다는 것입니다. 사실 지금까지 그들을 제 마음속에서 적으로 여겼는데, 이제 보니 아군이네요."

"빨리 깨닫는군." 밥 목사님은 내 생각이 아무리 단순해도 늘 격려해줬다. "리더십 파워가 어디에 놓여있는지 깨닫고 적이 아닌 동역자로 여긴다면, 어떤 상황에서도 효과적으로 일할 수 있음을 알게 될 걸세."

"오늘 아침은 얘기가 길어졌네. 일어나기 전에 이 말을 해주고 싶군. 기억하게나."

어떤 크기의 교회든 성장하려면 리더가 이끌어야 한다.

"결정적인 문제는 리더의 태도야. 리더가 성장할 수 있다고 생각하면 성장하는 거고 그럴 수 없다고 생각하면 없는 거지. 리더의 태도는 자기 충족적 예언으로 작용한다네. 한 주 동안 시간 있을 때마다 이 부분에 대해 생각해보게나."

"알겠습니다."

정리하기

나는 한 주 내내 '통합된 리더십 파워coalesced leadership power'라는 개념과 씨름했다. 우리 교회의 리더십 파워가 어디에 놓여있는지 나는 알 것 같다. 여러분의 교회는 어떤가? 핵심 가정인가? 위원회인가? 투표로 선출된 리더들인가? 아니면 전혀 다른 곳에 있는가? 더 중요한 질문이 있다. 리더가 이끌고 있는가? 다음 이야기로 넘어가기 전에 여러분의 생각을 간단하게 요약해 보라.

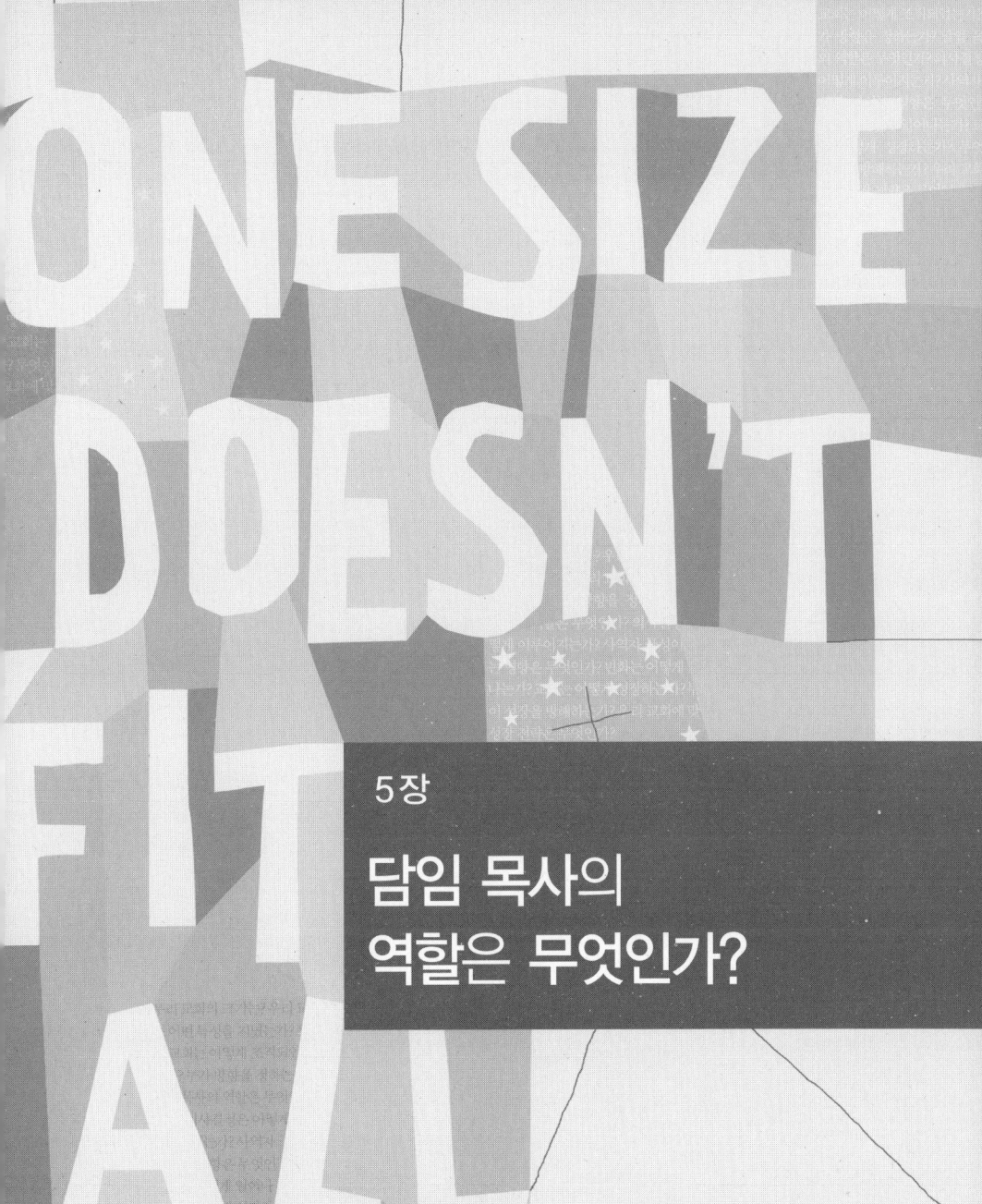

5장

담임 목사의 역할은 무엇인가?

What Is the Pastor's Role?
담임 목사의 역할은 무엇인가?

💬 밥 목사님과 헤어진 후 나는 기쁨으로 상기되어 집으로 돌아왔다. 아내가 내 얼굴을 보더니 미소 지으며 말했다. "밥 목사님과 또 좋은 얘기를 나눴나 보군요."

아침나절 내내 나는 아내에게 리더십 파워에 대해 배운 개념을 얘기해주었다. 어떤 설명은 너무 자세해서 지루했을텐데도 아내는 열심히 들어주었다. 그날 저녁, 나는 우리 교회와 사역에 적용할 수 있는 부분들을 마음속으로 그려보았다. 여러 가지 리더십 시나리오를 떠올려보았지만 그 어디서도 내 모습이 잘 그려지지 않아 허탈했다. 이 리더십 체계에서 나의 위치는 어디란 말인가? 다양한 가능성을 타진하며 쉴 새 없이 궁리를 하다가 뜬눈으로 밤을 지새웠다.

다음 날, 답답한 심정을 하소연하려고 밥 목사님께 전화했다. 친절한 비서가 회의 중인 목사님을 대신하여 내 이름과 전화번호를 받아 적고 회답을 약속했다. 약 20분 후 목사님께 전화가 왔다.

"지금까지 나랑 여러 번 만났는데, 아직 지겹지 않은가 보군." 목사님은 농담을 던졌다.

"지겹다니요. 목사님과의 만남은 저에게 큰 축복입니다." 내가 대답했다. "지난 시간 리더십에 대해 나눈 이야기들이 참 신선했습니다. 또한 저에게 중요한 질문을 남겨주었습니다."

"내가 좀 들어봐도 되겠나? 무엇 때문에 잠도 못 잤는가?"

"우리 교회의 리더십에서 제 위치는 정확히 어디인가 하는 것입니다." 내가 대답했다.

"그것은 좀 복잡한 문제라네. 지금 얘기할 시간이 있는가?" 목사님이 물었다.

"그럼요!"

"내가 수년 동안 관찰한 결과, 대체로 담임 목사들은 성도들에게 사랑을 받긴 하지만, 성도가 목사를 어떻게 바라보는가에 대해서는 세 가지 다른 방식이 있네."

나는 서랍에서 수첩과 맥킨토시 카드를 꺼냈다.

"이 세 가지 다른 관점이 소형, 중형, 대형 교회의 성도들이 담임 목사를 어떻게 바라보는가와 대략 맞아떨어진다는 것쯤은 예상할 수 있을 걸세."

목사님이 얘기하는 동안 나는 신속하게 표를 하나 그리며 말했다, "말씀하세요."

맥킨토시의 교회 크기 별 유형

구분	소형 교회	중형 교회	대형 교회
크기	15-200명의 예배자	201-400명의 예배자	401명 이상의 예배자
특성	관계 중심	프로그램 중심	조직체 중심
구조	싱글 셀	늘어난 셀	멀티플 셀
리더십	핵심가정	위원회	선출된 리더들
목사	사랑의 목자	행정가	리더

"소형 교회 성도들은 습관적으로 관계적인 관점에서 담임 목사를 바라본다네. 몇 년 전 시행된 한 연구에 따르면, 소형 교회 성도들은 담임 목사를 칭찬할 때 주로 이런 표현을 쓴다고 하더군."[1]

- 우리 목사님은 사랑이 많으세요!
- 목사님은 따뜻하고 자상하셔서 모두들 그분을 좋아합니다.
- 공동체의 모든 사람이 목사님을 존경합니다.
- 목사님은 재치가 넘치세요.
- 모든 아이들이 목사님을 좋아해요.
- 목사님은 성도들을 잘 돌아보시고, 각 사람의 이름을 아세요.
- 목사님은 모든 사람을 동일하게 대해요.

"종합해 보면, 소형 교회 성도들의 초점은 담임 목사의 개인적인 성격에 있어. 목사님을 묘사할 때 가장 자주 쓰는 표현이 '사랑하는', '따뜻한',

'돌보는', '자상한'이었으니까."

"이해가 갑니다." 내가 대답했다. "지난 시간 논의했듯이 소형 교회의 관계 중심적인 성격을 고려할 때, 그러한 기본 성격을 반영하는 목사를 원한다는 사실은 당연한 이치겠지요."

"그렇다네. 하지만 중형 교회로 넘어가면 성도들의 인식에 큰 변화가 생겨."

복잡한 문제들을 명료하게 단순화시키는 목사님의 능력에 감탄하며 내가 말했다. "계속하세요. 하나도 놓치고 싶지 않아서 받아 적고 있습니다."

"중형 교회의 회중은 기능적인 관점에서 담임 목사를 바라보지. 방금 전에 언급한 그 연구에 의하면, 중형 교회 성도들은 담임 목사에 대해 이렇게 말한다고 하네."

- 그분은 계획을 잘 세우세요.
- 우리 목사님은 체계적이십니다.
- 목사님은 좋은 스승이세요.
- 목사님은 행정팀을 잘 이끌어 오셨어요.
- 그는 훌륭한 설교자입니다.
- 우리 목사님은 내가 아는 가장 창조적인 사람 중 한 분이세요.
- 목사님은 치밀하게 회의를 준비하세요.

"보시다시피, 교회의 크기에 따라 성도들이 담임 목사를 바라보는 방식에 미묘한 차이가 생기네. 체계적, 행정가, 스승, 감독자 등은 모두 기능적인 용어들이지. 중형 교회에서는 목사가 어떻게 기능하느냐가 그의 관계성보다 조금 더 중요하게 여겨지는 것 같네."

나는 목사님의 말씀을 받아 적은 후 물었다. "관계성은 모든 교회에서 다 중요하지 않습니까?"

"그렇지. 모든 사역에는 근본적으로 관계적인 측면이 있네. 하나님과의 수직적 관계가 있는가 하면, 그리스도 안에서 형제 자매간의 수평적 관계가 있지. 그러나 교회가 성장함에 따라 성도들이 목사를 바라보는 방식은 조금씩 달라지네. 중형 교회 성도들의 한 마디 한 마디가 반영해 주듯이 교회가 복잡해지면서 성도들은 기능적인 능력을 더욱 강조하게 되지."

내가 정리해보았다. "어떤 크기의 교회에서든 목사의 관계적 능력은 여전히 중요하지만, 교회가 복잡해지면서 또 다른 능력들을 필요로 하게 된다는 말씀이십니까?"

"잘 요약했네. 아마 대형 교회를 살펴보고 나면 더욱 분명해질 걸세. 같은 연구 조사에 의하면, 대형 교회 성도들은 담임 목사를 전문가로 본다네. 그들은 이렇게 말한다는군.

- 우리 목사님은 효과적으로 사역팀을 조직하세요.
- 목사님 덕분에 교회가 진일보했습니다.
- 목사님이 사업을 하셨다면 회장직은 따 놓은 당상일 거예요.
- 그는 탁월한 리더이십니다.

- 우리 목사님에겐 꿈이 많아요.
- 그분은 훌륭한 전략가입니다.
- 목사님은 모든 사람들이 조화롭게 일하게 하는 능력이 있어요.

"이런 말들은 대형 교회 목사에 대하여 사람들을 이끌고, 비전을 품고, 동기를 부여하고, 전략을 세우고, 효과적으로 사역을 조정하는 전문가의 모습을 떠오르게 하네. 일반적으로 교회가 커질수록 회중의 요구사항이 다양해지기 때문에 목사는 리더가 되어야 하지."

"제가 한번 요약해보겠습니다." 내가 말했다. "교회의 규모가 커짐에 따라 담임 목사에 대한 인식이 관계적 능력 중심에서 기능적 능력, 리더십 능력 중심으로 변한다는 말씀이십니까?"

"실제로는 더 복잡하지만 간단하게 말하자면 그렇다네." 목사님이 동의했다.

"그럼, 세부 사항들을 더 말씀해 주시면 안 될까요?" 내가 요청했다.

"알다시피, 전화로 얘기하기에는 세부 사항들이 너무 많네. 몇 분 안에 큰 줄기 정도는 얘기해 줄 수 있겠지만."

내가 대답했다. "목사님의 시간을 뺏어서 죄송하지만 말씀해주십시오."

"첫번째 함축된 의미는, 교회는 교회의 관점에 맞는 목사를 끌어당기기 쉽다는 점이야. 예를 들어, 대형 교회는 전문적인 사고 경향으로 인해 리더가 되어줄 목사를 찾아 나서지. 관계적으로 세상을 바라보는 소형 교회는 관계적 초점을 지지해 줄만한 목사를 선택하기 쉽고. 이것은 일반적으로 세 크기의 교회에 모두 적용된다네."

"두 번째로, 만일 이러한 다른 관점들이 성도들과 목사들에 의해 진지하게 받아들여지게 된다면, 이 관점들은 교회가 목사를 청빙하거나 목사가 청빙을 받아들일 때 객관적인 평가기준으로 사용될 수 있네. 사람들과 일일이 교제하기 좋아하는 목사는 중형 교회에서는 어려움을 겪을 테지. 사람 좋아하는 목사를 원하는 소형 교회는 기능적인 능력을 은사로 가진 목사에게 만족하지 못할 테고."

"셋째, 이 다른 관점들을 통해 간혹 생기는 목사와 성도간의 어울리지 않는 짝짓기를 설명할 수 있다네. 목사의 은사, 재능, 흥미, 경험, 기술들이 교회의 필요, 성격, 강점, 자원과 어울릴 때 좋은 짝짓기가 될 가능성이 높아. 짝짓기가 잘 될수록 교회 성장의 가능성도 높아지지. 물론, 종종 어울리지 않는 짝짓기가 발생하기도 하지만 말이야. 몇 년 전, 몬태나 주에 있던 어떤 목사님이 남부 캘리포니아에 있는 한 교회 담임 목사로 부임했네. 그 목사님은 몬태나 주의 한 소형 교회에서 탁월한 목회를 했던 분으로, 예배자 수가 200명 이상까지 늘어났었다고 하네. 그러나 성도가 500여명인 남부 캘리포니아 교회에서는 부임한지 18개월도 채 안 되어 갑작스럽게 사임하게 되었는데, 그 이유는 출석률이 현격하게 떨어졌기 때문이었지. 목사님과 성도들 모두 처음엔 무엇이 잘못인지 몰랐다고 하네. 나중에서야 잘못된 짝짓기가 원인이었음을 깨달았지. 실패를 뒤로 하고, 이 목사님은 와이오밍 주에 있는 교회에 새로 부임하여 다시 한 번 성공적인 목회를 했다네."

"얘기해 주고 싶은 것은 잘못된 만남이 종종 '추 작용'이라고 불리는 현상 때문에 발생한다는 사실이네. 괘종시계의 추가 좌우로 흔들리듯이,

흔히 교회도 목사를 찾을 때 좌우로 흔들려. 한 소형 교회가 사랑의 관계를 강조하던 목사님을 잃으면 더 나은 행정 능력의 필요성을 절감하게 될 걸세. 하지만 더 나은 행정 능력을 가진 목사님이 새로 부임한 후에는, 곧 관계적 능력을 가진 목사님을 그리워하게 될 테지. 결국 추는 이 목사에서 저 목사로 왔다 갔다를 반복한다네. 만약 성도들이 교회마다 필요가 다름을 제대로 이해한다면 목사를 청빙할 때 더욱 균형 있는 선택을 할 텐데 말이지."

"마지막으로 암시하는 바는 교회를 효과적으로 이끌기 위해서 목사는 자신의 사역 기술을 교회에 맞게 조정할 필요가 있다는 것이네. 예를 들어, 정리능력이나 행정 능력이 뛰어난 목사가 소형 교회를 섬기게 되었다면 자신의 접근 방법을 바꿔야 해. 당분간은 관계적인 방법으로 사역해야겠지. 훗날에 신임을 얻고 교회가 성장한 다음, 점진적으로 자기 본연의 리더십 스타일로 돌아갈 수 있어. 물론 반대의 경우도 생각해 볼 수 있겠지. 개인적인 인간관계가 강점인 목사는 교회가 성장함에 따라 기능적인 혹은 전문적인 리더로서 다른 스타일의 리더십에 적응해야 하네. 이것이 바로 한 교회가 소형에서 중형, 대형으로 자라는 동안 한 목사가 계속해서 이끄는 경우가 드문 이유라네. 리더십 스타일을 바꾸기 위해 필요한 기술을 습득하는 일은 생각 보다 어렵네. 나에게 목사가 겪어야 하는 리더십 스타일 변화에 대한 좋은 표가 있네. 통화 후에 팩스로 보내 주겠네."

그 날 밤 목사님은 팩스로 아래의 표를 보내주었다. 교회가 성장함에 따라 목사의 역할이 어떻게 변하는지를 보라. 관계 중심적인 소형 교회에서 목회할 때, 지혜로운 목사라면 성도 한명 한명과 함께 몸소 사역할 것이다. 예를 들어, 봉사의 날을 앞두고 있는 소형 교회 성도들은 담임 목사도 그 자리에 나와 자신들과 함께 일하기를 기대할 것이다. 중형 교회 목사는 좀 더 감독자나 중간 관리자로서 기능해야 할 것이다. 다시 봉사의 날을 예로 들자면, 목사가 그 자리에 함께 있을 수는 있지만 그의 역할은 주로 다른 사람들의 활동을 지도하고 조정하는 일이 될 것이다. 교회가 대형으로 자라면, 목사의 역할은 최고 경영진의 것으로 바뀌어야 한다. 본사 건물 바닥을 청소하는 IBM 최고 경영진을 본 사람은 아무도 없을 것이다. 마찬가지로, 대형 교회의 봉사의 날에 목사가 나오길 기대하는 성도는 없다.

크기	목사의 역할
2,000명 이상	회장chairman
800-1,999명	사장president
350-799명	최고 경영진top managemen
250-349명	중간 경영진middle management
200-249명	감독자supervisor
75-199명	관리자foreman
55-74명	반장lead man
30-54명	유능한 노동자skilled worker
1-29명	노동자worker

"목사님, 시간을 많이 뺏고 싶지는 않지만…" 내가 말했다. "목회자 리

더십에 대해 여쭤볼 것이 많습니다."

"하나님께서 도와주시는가 보네." 밥 목사님이 설명했다. "지금 비서가 10시 약속이 취소되었다는 쪽지를 건네주었네. 30분 더 얘기 할 수 있네."

"정말 잘 됐습니다! 리더십 파워에 관한 어제의 대화에 대해 여쭤보고 싶은데요, 담임 목사에게도 리더십 파워가 모아집니까? 제가 관찰해 온 바에 의하면, 어떤 목사님들은 비전을 제시하고 사람들에게 동기부여를 하며, 일을 성취하도록 힘을 불어넣는데 아무런 어려움이 없어 보입니다. 그것이 어떻게 가능한지 모르겠습니다. 제가 그런 수준의 리더십을 발휘하려면 수년이 걸릴 것 같습니다."

"그렇다네. 담임 목사에게 리더십 파워가 모아지려면 수년이 걸리지. 근본적으로 이것은 지속성과 관련된 문제라네."

"지속성이라니 그게 무슨 말씀이시죠?" 내가 물었다.

"어느 교회든 성도들은 변함없고 한결같은 것을 신뢰하지. 소형 교회에서 수년에 걸쳐 지속성을 제공하는 변함없는 요소는 핵심 가정 혹은 장기 리더들이야. 성도들은 목사들이 왔다가 떠나며, 그들과 함께 여러 가지 사역들도 시작되었다가는 중단된다는 것을 안다네. 이것이 소형 교회의 핵심 가정에 리더십 파워가 모아지는 이유야. 한 소형 교회에 새로운 목사님이 부임했다고 치세. 그는 새로운 프로그램들을 통해 새로운 방향성을 확립하려고 할 테지만, 성도들은 장기 리더들의 승인을 구할 거야. 왜일까? 성도들은 목사들이 비책을 가지고 와서는 곧 떠나는 것을 봐 왔기 때문이네. 핵심 가정은 언제나 그 자리에 있을 것일세. 따라서 그들이 리더십 파워를 갖게 되는 것이지."

"교회가 중형으로 자라면 프로그램이 지속성을 제공하기 시작한다네. 예를 들어, 사립 기독교 학교가 오늘날 많은 중형 교회들의 막강한 중심 사역이 되고 있지. 리더들은 왔다가 떠나지만, 기독교 학교는 전체 사역에 지속성을 제공하는 변함없는 원천으로 남아있다네. 중고등부 프로그램, 어린이 프로그램, 주일 학교, 선교 프로그램과 같은 다른 사역들도 비슷한 지속성을 제공해주지. 전에도 얘기했듯이, 리더십 파워는 이러한 프로그램을 감독하는 위원회와 리더에게 모아지네. 이 사실이 잘 믿기지 않으면 인기 있는 교장이나 중고등부 사역자를 해고해 보면 안다네."

"드디어 자네 질문에 답할 차례네. 대형 교회는 그 지속성이 종종 담임 목사에게 있는데 때때로 부교역자에게 있는 경우도 있네. 성장하는 교회에는 대개 장기 임직한 목사가 있다는 얘기를 들어보았을 것일세. 한 연구에 따르면, 목사의 장기 임직이 교회 성장을 보장해 주지는 않는다고 하네. 그러나 목사의 단기 임직은 교회성장의 정체를 거의 확실하게 보장한다는군. 바로 지속성의 문제 때문이네. 임직 기간이 길수록 목사가 교회에 제공하는 지속성이 더욱 늘어나 리더십 파워가 목사에게 모아질 가능성이 높아지게 되지."

"무슨 말씀인지는 알겠지만, 저는 요즘 많은 목사님들이 CEO처럼 떠받들어지는 추세가 염려스럽습니다. 이런 현상은 성경적이지 않다고 생각합니다. 비즈니스 세계가 교회에 침투한 또 하나의 예 아닙니까?"

"이해하네. 개인적으로 나는 우리 교회 성도들이 자기 영광을 구하는 사람을 단번에 분간해 낼 수 있다고 믿네. 그런 종류의 리더를 빗대어 CEO라고 말한 거라면 걱정하지 않아도 되네. 대부분 성도들은 담임 목사의 사욕이나 눈먼 야망을 위해 자신의 삶을 헌신하지는 않아. 그런 일이 간혹 발생하기도 했지만."

"문제는 리더십이야. 리더가 되기 위해서 회사 CEO같이 행동할 필요는 없다네. 헬라어로 리더십은 프로이스테미proistemi인데, '앞에 서다'라는 뜻이지. 이 용어는 집을 '관리하다', 교회 일을 '지도하다'(디모데전서 3장 4절), 나라를 '다스리다'(디모데전서 5장 17절)는 의미로도 쓰여. 따라서 리더의 중심 개념은 사람들 앞에 서서 그들을 일정한 방향으로 인도하는 것이지. 물론 많은 사람들이 리더로서 회중 앞에 서 있네. 그러나 목사는 가장 자주 선두에 서는 사람이고, 이것이 리더십의 정수야. 어떤 사람들은 목사가 교회의 리더가 되는 것에 반대하지만 이것이 하나님이 그에게 준 역할인걸 어쩌겠나."

"1970년대 초반 이래 북미의 성장하는 교회들을 대상으로 많은 연구들이 시행되었지. 이 연구들이 반복적으로 보여주는 한 가지 사실은 목회자 리더십에 있어서 뛰어난 인격의 필요성이었어. 목회자 리더십은 교회 성장에 있어서 성령이 부여한 권능 다음으로 가장 결정적인 요소라네. 건강한 사역을 꿈꾸는 교회라면 목회 능력이 교회의 생명력과 전도를 위한 결정적인 요소임을 깨달아야 해."

"목회자 리더십에 대해서는 조금 더 생각해 보아야겠습니다." 내가 고백했다.

"리더십 공부는 평생 해야 하네." 목사님이 말했다. "무엇이 리더를 만들고 리더십을 구성하는가에 관해서는 다음에 더 얘기하겠지만, 나는 지난 29년간 사역을 해 오면서 목회자 리더십에 대하여 일곱 가지 특징을 발견했네. 지금은 간단한 개요만 전하기로 하고, 다음에 더 얘기하세."

"먼저, 좋은 팀에는 훌륭한 리더가 있다네. 오늘날 교회의 추세는 팀 사역이네. 팀 사역은 분명히 성경적인 접근이야. 그리스도께서도 열두 제자를 통해 팀 사역의 본을 보이셨고, 초대교회도 집사들을 선출했으며, 바울도 교회에 장로들을 임명하지 않았나. 팀은 의견을 나누고, 논쟁하며, 정책을 세우는데 효과적이지. 그러나 사실 리더십을 제공하는 데는 취약하다네. 좋은 리더가 없는 팀은 우왕좌왕하기 쉽지."

"둘째, 리더의 임무는 비전을 제시하는 일이네. 나는 교회를 집에 빗대어 생각하곤 하네. 1층은 매일 사역의 대부분이 이루어지는 곳이야. 2층은 사역 계획이 세워지는 곳이고. 꼭대기 층은 사역을 위한 비전이 형성되는 곳이네. 리더의 주요 업무는 바로 이 꼭대기 층에 살면서 하나님의 비전과 가치를 형성하고 회중에게 전하는 일이지. 대부분의 경우, 이 일을 하는 사람은 담임 목사라네. 왜냐하면 담임 목사만큼 성도 전체를 상대할 수 있는 종합적인 관점과 기회를 가진 사람이 없기 때문이지."

"셋째, 하나님께서는 한 사람에게 비전을 계시하신다네. 나는 사역팀은 성경과 사역경험을 통해서 비전을 만들어 낼 수 없다는 사실을 보아 왔네. 하나님께서는 어떤 한 사람에게 비전을 보여주시고 그 사람이 팀에게 비전을 전하는 방식을 좋아하셔. 물론 팀은 질문을 통해서 그리고 문제를 명료화함으로써 비전이 구체화되도록 도울 수는 있지만, 비전은 한 개인에게서 시작된다네."

"넷째, 리더십의 권위가 자라려면 시간이 걸리네. 유명한 리더십 강사 존 맥스웰 John Maxwell은 '리더십의 다섯 단계'를 통해 이 사실을 설명했어. 직분을 통해 이끌기 시작한다(1단계), 시간이 지나고 관계가 형성됨에 따라 리더십의 권위가 자란다(2단계), 그러면 사역은 좋은 결과를 낳는다(3단계), 다른 리더들이 배출된다(4단계), 사람들이 리더를 존경한다(5단계). 어떤 경우, 1단계에서 5단계까지 발전하려면 15년에서 20년이 걸리지.2 그래서 나는 입버릇처럼 이런 말을 한다네.

리더십의 권위는 성실한 섬김을 통해 얻어내야 한다.

리더십의 권위를 요구한다면 영원히 얻지 못하게 될 것이네."

"다섯째, 리더십의 권위는 한 순간에 무너질 수 있네. 리더십의 권위에 대하여 내가 가장 두려워하는 것은 그것을 얻는데 얼마나 오래 걸리는가가 아니라 그것을 얼마나 빨리 잃을 수 있는가일세. 20년이 걸려 얻은 것을 한 순간에 잃어버릴 수 있거든. 부도덕한 행위나 비윤리적인 행동 등 리더들이 빠지기 쉬운 몇 가지 함정이 있네. 리더들은 매일같이 자신의 영적 삶을 지켜야 해."

"여섯째, 내가 이끌지 않으면 다른 누군가가 이끌 것이네. 어떤 관찰력 좋은 사람이 말하길 리더십은 진공 상태를 싫어한다고 했어. 팀이든 위원회든 그룹이든 리더십 자리가 공석이면 결국 누군가가 그 자리를 채우게 된다네. 하나님께서 자네를 한 교회의 목사로 부르셨다면 교회의 미래를 위해 계획을 세우도록 부르신 것이야. 만약 자네가 리더가 아니라면 다른 누군가가 리더가 될 것이 틀림없네. 그리고 대개 그 사람은 자네가 리더 자리를 내주고 싶어 하지 않을 사람이지."

"그리고 일곱 번째, 고래의 법칙은 언제나 작동한다네."

나는 어리둥절하여 물었다. "네? 고래의 법칙이 무엇이죠?"

밥 목사님은 잔잔한 미소를 머금고 대답했다. "고래의 법칙이란 이렇다네."

> 당신이 표면 위로 떠올라 물을 내뿜을 때마다 작살에 맞을 것이다.

"다른 표현도 있네. 예를 들어, 예전에 한 친구는 '높은 나무는 바람을 많이 맞는다'라고 했고, 페르시아 속담에는 '지붕이 크면 눈이 많이 쌓인다'는 말도 있지. 효과적인 리더는 새로운 생각을 제안하고 방향을 제시함에 따라 비판을 받게 되어있어. 비판하는 사람이 없다고 모든 사람을 만족시킨 것으로 속단해서는 안 되지. 비판이 없다는 얘기는 단순히 작은 지붕을 올려놓았다는 의미일 수도 있거든. 사람들을 위해 새로운 방향을 제시하는 리더가 되고자 한다면 비판을 받게 될 걸세. 리더에게는 늘 비판이 따르는 법이야. 하지만, 자네 혼자만의 문제가 아니라는 것을 기억하게나."

목회자 리더십에 대한 밥 목사님의 이론을 요약해 보았다.

1. 팀은 좋은 리더를 필요로 한다. 그렇지 않으면 우왕좌왕할 것이다.
2. 리더의 과업은 비전을 제시하는 것이다.

3. 하나님께서는 한 사람에게 비전을 계시하신다.
4. 리더십의 권위가 자라려면 시간이 걸린다.
5. 리더십의 권위는 한 순간에 무너질 수 있다.
6. 목사가 이끌지 않으면 다른 누군가가 이끈다.
7. 리더는 비판을 받기 마련이다.

정리하기

밥 목사님이 리더십 스타일 변화표와 함께 보내준, 다음 원칙들이 여러분에게도 도움이 될 것이다. 나는 이것을 '리더십에 대한 밥 목사님의 충고'라고 부르겠다.

1. 주님을 사랑하라. 당신은 하나님에 대한 사랑을 당신의 삶과 사역 속에서 어떻게 표현하고 있는가?
2. 사람들을 양육하라. 당신은 제자 양육을 위해 무엇을 하고 있는가?
3. 큰 꿈을 품으라. 당신은 교회의 발전을 위해 어떤 열정을 품고 있는가?
4. 본을 보이라. 당신은 가족과 동역자들에게 하나님의 진리에 대해 어떤 본을 보이고 있는가?
5. 능동적으로 행동하라. 당신은 교회를 향한 하나님의 비전을 성취하기 위해 실질적인 믿음의 발걸음을 옮기고 있는가?
6. 위험을 무릅쓰라. 당신은 성장의 기미가 보이기 전에 때때로 어려움을 겪고 실패할 준비가 되어있는가?
7. 주님을 신뢰하라. 당신은 하나님께서 추수하실 것을 믿고 씨 뿌리며 물주고 있는가?

이 일곱 가지 원칙들 중 여러분의 최대 강점은 무엇인가? 최대 약점은 무엇인가?

6장

의사결정은
어떻게 이루어지는가?

How Are Decisions Made?
의사결정은 어떻게 이루어지는가?

💬 바쁜 일정에도 불구하고 전화 통화에 긴 시간을 내어준 목사님께 감사했다. 전화를 끊기 전에 목사님은 다음 만남은 아침식사 대신 목사님의 사무실에서 점심을 하자고 제안했다. 나는 기꺼이 승낙했다. 사실 오래 전부터 목사님의 교회를 둘러보고 싶었는데 드디어 기회가 온 것이다.

교회에 도착하자 비서가 목사님의 사무실까지 안내해 주었다. 목사님은 자리에서 일어나 나에게 악수를 청했다. "페퍼로니 피자를 좋아하는가?" 목사님이 말했다. "여기서 바로 얘기하려고 내 마음대로 주문했네."

"제일 좋아하는 피자입니다." 내가 대답했다.

목사님은 바로 본론으로 들어갔다. "오늘은 점심시간이 1시간 30분밖에 없으니 바로 다음 주제로 들어가세. 맥킨토시의 교회 크기 별 유형 카드를 가지고 왔는가?"

"예, 여기 있습니다." 나는 서류 가방에서 카드를 꺼내 목사님께 건네 드렸다.

목사님은 카드를 흘끗 보고는 말했다. "우리가 다뤄야 할 다음 주제는 소형, 중형, 대형 교회에서 의사결정이 어떻게 이루어지는가일세."

나는 살짝 카드를 들여다보았다.

맥킨토시의 교회 크기 별 유형

구분	소형 교회	중형 교회	대형 교회
크기	15-200명의 예배자	201-400명의 예배자	401명 이상의 예배자
특성	관계 중심	프로그램 중심	조직체 중심
구조	싱글 셀	늘어난 셀	멀티플 셀
리더십	핵심가정	위원회	선출된 리더들
목사	사랑의 목자	행정가	리더
의사결정 근거	역사	필요	비전
의사결정 주체	회중	위원회	사역팀과 리더

한정된 시간 탓에 목사님은 바로 크기가 다른 교회들이 어떻게 의사결정을 내리는가에 대한 설명에 돌입했다.

"목사와 리더들은 교회의 미래에 영향을 미치는 중대한 결정을 내려야 할 책임이 있어. 의사결정은 진공 상태에서 이루어지지 않지. 교회마다 일정한 틀에 따라 의사결정을 내려. 이 틀은 의사결정이 완료되기 전에 선택사항들을 걸러주는 보이지 않는 체의 역할을 하지. 대표적인 틀로는 교회의 특징, 목적, 가치, 목표, 전통, 관습, 기대 등을 들 수 있네."

"역사가 보여주듯이, 대부분의 소형 교회에서는 한 개인이나 한 가정, 혹은 몇 가정의 강력한 영향력을 바탕으로 회중에 의해 의사결정이 이루어지네. 실질적인 결정들이 공식적인 과정을 밟기도 전에 주차장이나 개인 집 주방에서 비공식적으로 이루어지는 경우가 허다하지. 이런 교회에서는 전통과 관습이 의사결정 과정의 원동력으로 작용해. 목사는 영향력이 거의 없네.

따라서 많은 소형 교회에서 체의 역할을 하는 것은 사람들을 만족시키는가, 예산에 맞는가, 시설 사용을 줄일 수 있는가, 전통에 벗어나지 않는가, 지출을 최소화하는가, 관계에 있어서 현상 유지가 가능한가, 의견 불일치를 최소화하는가 등의 관심사들이지."

"우리 교회에서 제가 겪는 일들입니다." 내가 동의했다. "성도들이 더 큰 비전을 품도록 애썼던 저의 모든 노력에도 불구하고, 지난 6개월 동안 이루어진 모든 결정들은 지금 목사님께서 말씀하신 내부적인 관심사에 집중되어 있습니다."

"흠, 그랬을 것 같네. 이제 중형 교회의 의사결정 방법을 살펴보면 매우 다르다는 것을 알 수 있을 걸세. 예를 들어, 과도기를 겪고 있는 중형 교회는 변화에 대한 필요성으로 인하여 자원 봉사자를 늘리고 직원을 추가로 고용하고 복잡해진 문제들을 처리하고 청지기적 삶을 장려하고 시설 사용을 총괄하며 정책을 세우는 등의 모든 결정이 이루어지지. 리더십 파워가 모아지는 곳은 운영위원회를 비롯한 여러 위원회이며, 따라서 새로운 아이디어가 도출되고 주요 결정들이 확정되고 합의되는 곳도 바로 위원회라네."

"적절한 실례를 하나 들자면, 우리 교회가 중형 단계에 있을 때 결혼식을 위해 예배당을 사용하고자 하는 의뢰가 외부에서 많이 들어왔었네. 교회가 작았을 때는 예배당이 눈에 띄지 않았기 때문에 그런 주문을 받아본 적이 없었지. 교회가 성장한 후 우리는 예배당을 재건축했고, 새 예배당이 아름답다는 소문이 돌자 사람들이 전화하기 시작했던 거야. 우리는 결혼식 관련 정책의 필요성을 절감하고 특별 위원회를 조직하여 이 일을 맡겼어.

특별 위원회는 결혼식 관련 정책 초안을 작성하여 각 위원회에 제출해 검토를 받았지. 각 위원회가 제시한 의견을 바탕으로 특별 위원회는 다시 한번 최종안을 작성하여 운영위원회에 제출했네. 운영위원회는 최종안을 통과시키고 교회 전체에 보고했지. 합당한 사람들이 합당한 절차를 거쳐 만든 정책이었기 때문에 어느 누구도 반대하지 않았다네."

"중형 교회의 기본 성격과 잘 들어맞는 것 같습니다." 내가 말했다. 사실 목사님이 말을 너무 빨리했기 때문에 대화에 끼어들기는 고사하고 필기도 제대로 할 수 없었다.

"이제 대형 교회를 살펴보자면, 의사결정 과정은 또 한번 변하지. 일반적으로 대형 교회는 담임 목사가 주도적인 리더가 되어주길 기대하네. 대개 이 말은 담임 목사와 사역자팀이 평신도 지도자로 구성된 운영위원회와 함께 일차적 의사결정자가 되는 것을 뜻하네.

대형 교회의 운영위원회는 주로 정책결정 그룹으로 기능하고, 교회운영을 위한 매일 매일의 의사결정은 목회자와 사역자 팀에 위임하지. 리더십 파워가 담임 목사에게 모아지면 그가 의사결정 과정에 미치는 영향력을 쉽게 볼 수 있어. 대체로 대형 교회는 의사결정에 있어서 담임 목사의 비전에 상당히 많이 의존한다네."

"피자 가지고 왔습니다." 비서가 큰 피자 한 판과 음료수 두 병을 가지고 들어왔다.

한 손에 피자를 든 채 필기를 하면서 말까지 한다는 것은 내 능력 밖의 일이었지만, 어떻게든 이 질문은 했다.

"대형 교회 목사의 경우는 분명히 알겠지만, 저 같은 소형 교회 목사는 어떻게 의사결정 과정에 영향을 미칩니까? 아니면 같은 맥락에서, 중형 교회 목사는 위원회 중심의 환경 속에서 어떻게 일을 성취시키지요?"

"소형 교회에서 의사결정에 대한 전반적인 통제는 핵심 가정들과 재정위원회 다음으로 목사에게 있는 것 같네. 소형 교회를 성공적으로 이끄는 목사는 관계를 통해 적극적으로 의사결정 과정에 영향력을 행사해. 좋은 예화가 하나 있네.

내 친구 한 명이 평균 예배자 수가 100명 정도 되는 교회를 맡고 있었어. 교회 부지가 1.5에이커였는데 교회 바로 옆에 2에이커의 공터가 있었어. 하나님께서는 내 친구에게 그 공터를 매입하는 비전을 주셨지. 그는 새로운 부지가 교회의 가시성을 높여주어 교회 성장에 도움이 될 뿐만 아니라 주차장을 넓힐 수 있음을 알았어. 대형 교회 목사라면 하나님께 새 부지를 매입하는 비전을 받았노라 공표하면 됐겠지만, 내 친구는 그런 식의 접근은 소형 교회에서 통하지 않는다는 것을 알았지."

"무슨 말씀인지 알겠습니다." 나는 고개를 끄덕였다. "그래서 그 친구

제6장 · 의사결정은 어떻게 이루어지는가? 97

분은 어떻게 하셨습니까?"

"내 친구는 자신의 비전을 교회 집사님들과 일대일로 나누기로 했어. 집사님 한분 한분과 점심 약속을 잡았지. 매번 집사님들이 교회로 찾아와 한 차를 타고 함께 식당으로 갔어. 교회 주차장으로 돌아와 차에서 내릴 때면 그 친구는 옆에 있는 공터로 집사님들의 주의를 끌며 물었다는군. '우리 교회가 저 땅을 매입하도록 하나님께서 허락하실까요?' 이 질문을 시작으로 두 사람은 부지 매입의 필요성과 이점에 대해 토의하곤 했다네."

"내 친구는 모든 집사님과 그리고 비공식적인 리더들과도 얘기했어. 매번 같은 방법을 따랐고. 흥미로운 사실은 그가 설교나 운영위원회 혹은 다른 공식 회의에서는 부지 매입에 대하여 일체 거론하지 않았다는 점이야. 그런데 리더들과 일대일로 얘기한지 8개월 만에, 운영위원회에서 한 위원이 말했다네. '저는 최근 교회 옆 공터에 대해 많은 생각을 해 왔습니다. 다른 누군가가 선수 치기 전에 우리가 먼저 그 땅을 사야 한다고 생각합니다.' 그로부터 얼마 되지 않아 교회는 부지 매입 절차에 들어갔다네."

기회를 잡아 내가 물었다. "그것은 교묘한 방법 아닙니까?"

"그렇지 않네." 밥 목사님은 단호하게 말했다. "이것이 리더십이라네!"

"리더십이요?"

"그렇다네. 그 동안 우리가 나눴던 얘기들을 생각해 보게. 소형 교회를 제대로 이끌려면 성도들에게 이래라 저래라 강요해서는 안 되지. 먼저 핵심 인물들과 신뢰 관계를 쌓고, 그들이 필요와 기회를 볼 수 있도록 도와야 하네. 성도들이 문제를 보도록 애정을 가지고 돕는다면 그들은 결국 스스로 결정하여 일을 추진할 걸세. 교묘한 속임수는 사람들에게 더 이상 선택의 여지가 없을 때에나 가능한 것이네. 내 친구는 부당한 압력으로 성도들의 선택사항을 없애지 않았네. 이것이 리더십이지!"

"그럼 중형 교회는요, 목사님?" 내가 물었다.

"중형 교회에서 목사는 각 위원회, 부서, 팀이나 운영위원회를 만나야 하네. 내 친구처럼 집사님들 개개인을 만나는 대신, 각 위원회나 위원회 위원장을 만나야 하지. 모든 안건은 목사보다는 위원회 차원에서 존경받는 사람이 추진하는 것이 가장 좋아. 이런 방식으로 의사결정 과정에 영향력을 발휘하는 것은 정치 공작이 아니라…"

"리더십이다, 이 말씀이시죠?"

"바로 그렇다네."

"의사결정에 대하여 얘기하다 보니 생각이 나는데요, 소형 교회는 감정적으로 결정을 내리는 경향이 있는 것 같습니다. 수 년 전 제가 섬겼던 한 소형 교회에서 주방의 바닥을 갈아야 했습니다. 바닥 색깔을 결정하는데 모두들 얼마나 감정적으로 변하는지 믿기 어려울 정도였어요. 이러다 교회가 갈라지겠구나 싶었습니다."

"'의사결정 풍토'에 대해 얘기하고 있군. 그림 하나를 더 그려보겠네."

밥 목사님은 일어나서 사무실 벽에 걸려 있는 하얀 칠판 앞으로 갔다. 그는 매직을 꺼내어 아래의 연속선을 그렸다.

의사결정 풍토

	소형 교회	중형 교회	대형 교회	
감정적	←――――――――――→			이성적
주관적	←――――――――――→			객관적
인기	←――――――――――→			가치
비공식적	←――――――――――→			공식적
가족	←――――――――――→			리더

"내가 그린 이 연속선은 소형 교회에서 중형 교회를 거쳐 대형 교회를 오가는 선이네. 연속선을 따라가면 의사결정 풍토가 교회의 크기에 따라 어떻게 변하는지 알 수 있지. 교회가 작을수록 의사결정은 더욱 감정적이고 주관적으로 변하네. 발언자의 인기나 핵심 가정과의 친분을 바탕으로 선택이 결정되지. 핵심 인물들이 골프를 치거나, 저녁식사를 하거나 혹은 예배 전에 주차장에서 담소를 나누는 사이, 다소 비공식적으로 결정이 이루어지는 경우가 많아."

"교회가 클수록 이성적이고 객관적인 판단이 이루어질 가능성이 높다네. 발언자의 인기보다는 가치의 유무가 결정요인으로 작용하게 되지. 선출된 리더들이 더 많이 개입하면서 선택은 공식적으로 이루어진다네."

"중형 교회는 소형 혹은 대형 교회의 이념을 얼마나 반영하느냐에 따라 연속선의 양극을 조금씩 다 보여준다네. 중형 교회의 불안정한 모습 중 하나는, 한번은 이성적인 결정을 내렸다가 다음번에는 감정적인 결정을 내려 연속선을 왔다 갔다 하는 게 현실이지."

"크기가 다른 교회들의 의사결정 방법을 배우니 많은 도움이 됩니다. 그런데 목사님, 저나 저희 교회 리더들이 의사결정을 내려야 할 때 참고

할 만한 지침사항은 없나요?"

"있네." 목사님은 미소를 지으시며 '효과적인 사역을 위한 다섯 가지 원칙'이란 제목의 작은 카드를 건네줬다.

목사님이 말을 이었다 "모든 결정들은 이 기준으로 한번 걸러보아야 하네. 첫번째 원칙은 꿈꾸는 리더십이야. 예수님께서는 잃어버린 자를 찾아 구원하러 오셨네. 우리에게는 지상 명령으로 통하는 제자들에게 남긴 예수님의 마지막 말씀은 그분의 사역 전체를 요약해주지. 잘 아는 말씀도 때로는 새롭게 읽어볼 필요가 있네. '하늘과 땅의 모든 권세를 내게 주셨으니, 그러므로 너희는 가서 모든 족속으로 제자를 삼아 아버지와 아들과 성령의 이름으로 세례를 주고 내가 너희에게 분부한 모든 것을 가르쳐 지키게 하라. 볼지어다. 내가 세상 끝날 까지 너희와 항상 함께 있으리라.'(마태복음 28장 18-20절)."

"현재 참석하는 성도들만을 고려하여 결정을 내리는 교회는 대개 성장하는 교회가 아니라네. 우리는 이런 질문을 해보아야 해, '이 결정은 우리 교회가 좀 더 효과적으로 전도하는데 도움이 되는가?'"

"우리 교회가 심각하게 생각해 보아야 할 질문인 것 같습니다." 내가 말했다. "다음 원칙은 무엇입니까?"

효과적인 사역을 위한 다섯 가지 원칙

1. 꿈꾸는 리더십의 원칙
   전도를 염두에 두고 결정을 내릴 때 교회는 성장한다.

> 2. 인적 자원 활용의 원칙
>   전도를 위해 필요한 사역자, 리더십, 자원을 제공하는 결정을 내릴 때 교회는 성장한다.
> 3. '열린 문'의 원칙
>   새로 온 사람들에게 교회 활동에 참여할 기회를 제공하는 결정을 내릴 때 교회는 성장한다.
> 4. 통합의 원칙
>   새로 온 사람들이 기존 성도들의 교제권 안으로 흡수되는 방안을 마련하는 결정을 내릴 때 교회는 성장한다.
> 5. 재정의 원칙
>   지역 전도 활동을 재정적으로 돕는 결정을 내릴 때 교회는 성장한다.

"의사결정을 위한 두 번째 원칙은 인적 자원 활용에 그 초점이 있네. 나는 모든 교회에 인적 자원 부서가 있어야만 한다고 생각하네. 교회가 하나님께서 주신 인력을 어떻게 사용하는가는 교회의 내외적 발달에 있어서 매우 중요해.

연구에 의하면, 150명의 예배자 당 한 명의 전임 사역자가 필요하다고 하네. 그래야 사역을 유지하고 확장하기에 충분한 전문적인 자원이 제공될 수 있거든. 한 관찰에 따르면, 전체 예배자의 60%가 사역에 참여할 때 교회 성장에 도움이 된다고 하네. 교회를 섬기는 사람들 중 최소 10%는 전도 사역에 참여해야 하지. 따라서 교회는 이렇게 질문해 보아야 해. '이 결정은 사역을 유지하고 확장하도록 전문 인력과 자원 봉사자들을 효과적으로 활용하는가?'"

"정말 신선한 아이디어입니다! 평신도 사역을 위해 교회에 인적 자원 부서를 개설하면 만인 제사장의 원리를 실천할 수 있는 좋은 길이 열리겠네요. 계속 말씀해 주세요. 참 유익한 내용들입니다."

"새로 온 사람들에게 문이 열려있는가? 이 질문은 세 번째 원칙인 열린 교회 원칙의 뼈대가 된다네. 문이 없는 집에 어떻게 들어갈 수 있겠나? 리더들은 교회 문이 늘 열려있지는 않다는 사실을 잘 알아채지 못하는 것 같아. 열린 문은 새로 온 사람들이 교회 생활과 사역에 참여하도록 기회를 제공해 주지. 문이 닫혔거나 아예 존재하지도 않는다면 새로 온 사람들을 바깥에 세워놓는 꼴이 되지 않겠나.

예배에서부터 이혼자 모임, 운동 프로그램까지 어떤 것이든 문이 될 수 있네. 리더들은 계속적으로 새로운 문을 만들어서 새로 온 사람들이 교회 생활에 참여할 수 있게 해줘야 해. 따라서 성장하는 교회는 묻네, '이 결정은 새로 온 사람들이 교회 생활에 참여하도록 새로운 기회를 제공하는가?'

"우리 교회는 새로 온 사람들이 들어올 만한 문이 거의 없습니다." 내가 말했다. "우리 리더들이 속히 이 질문을 생각해 보게 해야겠습니다."

밥 목사님은 말을 이었다. "네 번째 통합의 원칙이란 새로운 사람들을 환영하고 교회의 교제권 안으로 받아들이는 것을 말하네. 수용하거나 소외시키는 역동성은 실제로 존재하며, 그 힘은 상당하다고 볼 수 있네. 이런 역동성은 여학생 소프트볼 팀, 바느질 교실, 주일 학교 교실 같은 우리의 일상생활 속에서 매일같이 일어나고 있지.

새로 온 사람들이 소외감을 느낀다면 오래 머물러 있지 않을 걸세. 환영 받는 느낌, 정체성, 그룹에의 소속감이 새로 온 사람들의 개인적 참여를 고무시켜 주지. 교회는 새신자들이 그리스도 안에서 수용되고 다른

신자들과 교제할 수 있는 곳이 되어야 하네. 불행히도 많은 교회들이 부지중에 새로 온 사람들을 쫓아내고 있네. 효과적인 교회는 언제나 묻는다네. '이 결정은 새로 온 사람들을 소외시키는가 아니면 그들을 수용하도록 돕는가?'"

"마지막은 재정의 원칙일세. 인간의 모든 노력은 재정적 투자를 필요로 하지. 성장하는 교회는 전체 예산의 5~10%를 지역사회 전도에 사용한다네. 돈만 가지고서는 성장이 보장되지 않지만, 전도에 직접적으로 투자되는 재정 자원 없이 성장은 거의 불가능하지. 가계부를 통해 우리의 마음이 어디에 있는지 알 수 있듯이, 교회의 가계부를 통해 교회의 마음이 어디에 있는지 알 수 있는 것이지. 교회가 물어야 할 마지막 질문은 이렇다네, '이 결정은 지역 전도 활동을 재정적으로 충분히 지원해 주는가?'"[1]

"이 원칙들은 저희 교회 사정과 상통하는 면이 많습니다." 내가 말했다. "우리 리더들과 나눠야겠습니다. 물론 일대일로요. 이 원칙들이 앞으로의 결정들을 위해 체로 사용될 수 있을지 한 번 보겠습니다."

"목사님, 다음 약속 시간 10분 전입니다." 밥 목사님의 비서는 목사님의 스케줄을 관리하는 능력이 뛰어났다.

"재미있게 얘기 나누다 보니 90분이 금방 갔군. 오늘 내 사무실까지 와줘서 고맙네." 목사님은 문까지 나를 배웅해 주며 말했다. "교회를 한 번 둘러보겠는가?"

"그렇게 하고 싶습니다." 내가 말했다.

"안내해 줄 사람을 찾아보겠네."

"감사합니다!"

정리하기

효과적인 사역을 위한 밥 목사님의 다섯 가지 원칙은 내 마음에 깊이 새겨졌다. 그 후 몇 주 동안 나는 운영위원들을 한 명씩 만나 이 원칙들에 대해 얘기했다. 회의 때, 우리는 각 질문들이 얼마나 창조적으로 사용될 수 있는지를 보기 위하여 우리의 의사결정 과정을 평가했다. 여러분의 교회에서 최근에 내린 결정들을 돌아보라. 만약 다음 다섯 가지 질문들을 던져 보았더라면, 그 결정들이 어떻게 달라질 수 있었을지 평가하라.

1. 이 결정은 우리 교회가 더 효과적으로 전도하는데 도움이 되는가?

2. 이 결정은 사역 유지와 확장을 위해 전문 인력과 자원봉사 인력을 효과적으로 활용하게 해주는가?

3. 이 결정은 새로 온 사람들이 교회 생활에 참여하도록 새로운 기회를 만들어내는가?

4. 이 결정은 새로 온 사람들을 소외시키는가, 아니면 그들을 수용하도록 돕는가?

5. 이 결정은 지역 전도 활동을 재정적으로 충분히 지원해 주는가?

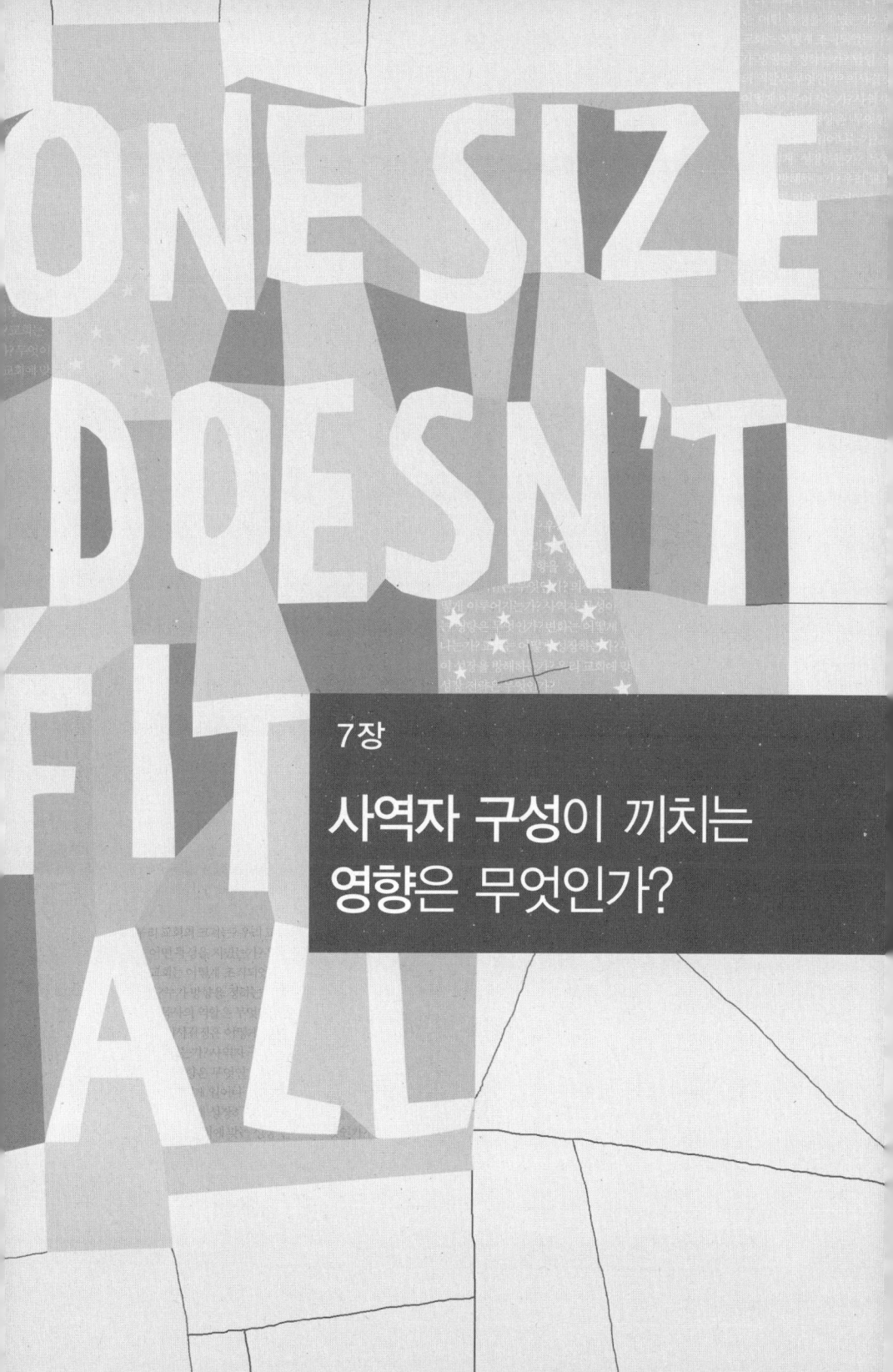

7장

사역자 구성이 끼치는
영향은 무엇인가?

What Is the Impact of Staff?
사역자 구성이 끼치는 영향은 무엇인가?

나는 밥 목사님과 만난 이후부터 내가 얻은 교훈들을 사역 현장에서 사용해보기 시작했다. 먼저, 리더들과 의사소통하는 방식부터 바꾸었다. 예를 들어 운영위원회 전체를 상대로 비전을 가지라고 외치던 방식을 바꾸어, 운영위원 한사람 한사람에게 집중했다.

더욱 친밀한 교제를 나누기 위해 한 명씩 함께 식사를 했다. 첫 만남에서 나는 각 리더들에게 어떻게 우리 교회에 나오게 되었는지를 비롯하여 그들의 간증거리를 들려달라고 청했다. 다음 만남에서는 우리 교회의 미래에 대해 어떻게 생각하는지 물었다. 리더들의 생각을 들은 후에는 내 생각도 나누었다. 모두들 교회의 미래에 대한 내 생각을 듣고 싶어했다.

흥미롭게도, 우리는 한번도 '비전'이라는 용어를 사용하지 않았다. 그러나 우리의 경험담, 희망, 미래에 대한 꿈을 나누는 가운데 우리는 바로 그 '비전'을 구체화시키고 있었다.

더욱 놀라운 것은 리더들의 반응이었다. 각 사람과의 두 번째 만남 후, 나는 그들이 나를 다르게 본다는 것을 느꼈다. 긴장감이 누그러졌고, 나는 더욱 존경받는 느낌을 받았다. 물론 이것은 시작에 불과했다. 리더십의 권위를 얻으려면 아직도 갈 길이 멀었지만, 좋은 시작인 것만은 분명했다.

관계적인 리더십 스타일을 기르기 위해서는 인내와 연습이 요구되었다. 내게 성장하고 발전할 수 있는 시간을 허락해 준 성도들에게 감사하다. 하지만, 좌절감이 완전히 씻긴 것은 아니었다. 늘 다른 사역자들과 함께 팀 사역을 했던 나로서는 단독 목회가 쉽지 않았다. 다들 내가 모든 것을 처리하길 기대하는 것 같았다. 기본적인 목회 업무 외에도 찬양을 선곡하고 예배 순서를 작성하고 주보를 만들어 인쇄하고 심지어 접는 일까지 도맡아 해야 했다. 전임 목사님들은 교회 청소와 잔디 깎는 일까지 했다지만, 그런 일들은 나에게 생소할 뿐 아니라 납득하기 어려운 업무였다.

새로 부임한지 얼마 안 되어 한 운영위원과 빚었던 마찰이 아직도 생생하게 기억난다. 교회 잔디가 꽤 자라있는 것을 보고 나는 언제 잔디를 깎을 예정인지 물었다. 그 임원은 놀라운 사실을 알려주었다. "잔디 깎기는 언제나 담임 목사님 몫이었어요."

"글쎄요," 내가 되받아 쳤다. "사택 잔디는 마땅히 제가 깎아야겠지만, 교회 잔디만큼은 위원회에서 알아서 해야죠." 관계에 전혀 도움이 되지 않는 껄끄러운 대화였다. 부적절한 업무를 제해버린 일에는 후회가 없지만 좀 더 우호적인 방법으로 문제를 처리했어야 했다.

여전히 나에게는 한 가지 의문이 남아있었다. 사역자의 구성은 소형, 중형, 대형 교회에 어떻게 적용되는가? 몇 가지는 답할 수 있었지만, 밥 목사님이라면 더욱 속시원하게 답해 줄 수 있으리라. 나는 다시 목사님께 전화했다.

"자네가 소형, 중형, 대형 교회 사이의 중요한 차이점을 또 하나 짚어냈군." 목사님이 대답했다. "사역자의 수와 구성 방식은 교회의 성장과 퇴보에 상당한 영향을 준다네." 목사님은 전화로 얘기할 시간이 없으니 다음날 조찬 모임에서 사역자 문제를 얘기하자고 제안했다.

다음날 우리는 늘 만나던 장소에서 아침식사를 했다. 자리에 앉으며 밥 목사님이 말씀을 시작했다. "그러니까 자네는 단독 사역single staff과 팀 사역multiple staff의 차이점을 알고 싶은 건가?"

"그렇습니다." 내가 말했다. "어제 전화로 말씀드렸듯이, 저는 큰 교회에서 여러 사역자들과 함께 사역한 경험밖에 없습니다. 단독 목회는 처음입니다. 단독 사역과 팀 사역은 그 역동성이 어떻게 다릅니까?

"나는 하나님께서 팀 사역을 기대하신다고 믿네." 나의 멘토가 말했다. "예수님도 분명히 열두 제자로 팀을 만드셨고, 사도행전을 통해 알 수 있듯이 바울과 바나바도 그랬지. 각 크기의 교회에서 성장을 불러오는 리더십은 팀을 통해 구현되어야 하네. 소형, 중형, 대형 교회의 사역자 비교는 내 친구이자 대형 교회 전문가인 존 번이 말한 비유가 최고지."[1]

> 소형 교회의 리더십 팀은 듀엣과 같다.
> 중형 교회의 리더십 팀은 4중주와 같다.
> 대형 교회의 리더십 팀은 앙상블과 같다.

"목사가 단 한 명뿐인 소형 교회에서 리더십 팀은 목사와 성도들로 구성된 듀엣과 같네. 단지 두 파트만 존재하기 때문에 상호작용이 아주 단순하네. 모든 기획은 비공식적으로 이루어지지. 담임 목사와의 직접적인 대화가 누구에게나 열려 있어서 의사소통이 원활하다네. 듀엣의 구성원들이 자기 역할을 하는 한, 조화의 가능성이 높지. 이 듀엣 형태는 교회 구성에 있어서 가장 잘 알려져 있으며 많은 사람들이 가장 편안하게 생각하지."

"이해가 돼요." 내가 말했다. "대부분의 교회가 소형이니까요."

"교회가 중형으로 자라면서," 목사님이 말씀을 이었다. "리더십 팀은 담임 목사, 소수의 부교역자, 평신도 리더, 회중으로 구성된 복잡한 4중주가 된다네. 의사소통의 역동성이 여섯 배로 늘어나면서 팀 발달은 위험한 단계에 놓이게 되지. 여러 파트가 연루되어 있어서 한 구성원이 자신의 책임을 이행하지 않아 나머지 구성원들과 교회가 곤경에 처하게 될 확률이 높기 때문이네."

"대형 교회의 리더십 팀은 담임목사, 다수의 부교역자, 수많은 평신도 리더, 다수의 비서 및 보조 인력 그리고 회중으로 구성된 앙상블이 된다네. 업무가 임의로 맡겨져서는 안되기 때문에 지침과 과업은 공식적으로 결정되어 문서화되지. 합창단에는 각 파트를 통솔하는 파트장이 있네.

담임 목사는 이런 합창단의 지휘자같이 기능해야 하네. 하위 인력 관리를 부교역자들에게 위임하지 못하는 담임 목사는 현상유지에 매여 앞으로 나아갈 수 없다네."

"맥킨토시 카드를 보게나." 밥 목사님이 말했다.

나는 카드를 꺼내어 '사역자' 항목을 훑어보았다.

"목사님께서는 세 가지 크기의 교회들을 다 경험해 보신 것 같습니다."

"그렇지." 목사님이 대답했다. "각 크기마다 도전거리가 있네. 하지만, 관건은 사역자 채용 방식으로 인해 교회가 줄어드는가, 정체하는가, 아니면 성장하는가 하는 것이지. 답을 찾기 위해 먼저 늘 했던 방식대로 소형 교회부터 시작하여 다른 교회들로 넘어 가세나."

"좋습니다."

맥킨토시의 교회 크기 별 유형

구분	소형 교회	중형 교회	대형 교회
크기	15-200명의 예배자	201-400명의 예배자	401명 이상의 예배자
특성	관계 중심	프로그램 중심	조직체 중심
구조	싱글 셀	늘어난 셀	멀티플 셀
리더십	핵심가정	위원회	선출된 리더들
목사	사랑의 목자	행정가	리더
의사결정	역사를 바탕으로	필요를 바탕으로	비전을 바탕으로
의사결정 주체	회중에 의해	위원회에 의해	사역팀과 리더에 의해
사역팀	자비량/단독목사	소수의 사역자	다수의 사역자

"소형 교회 목사는 대개 자비량이나 단독 목회를 하네. 옛날에는 대부분의 목사들이 요즘 용어로 말하자면 자비량이었지. 이러한 접근은 사도행전 18장 3절에서 사도바울이 텐트메이커로 일하면서 자신의 사역비용을 스스로 조달했던 본을 따른 거라네. 베드로, 안드레, 야고보, 요한도 어부로 생계를 유지하며 이 본보기를 따랐던 것 같아. 기본적으로 텐트메이커 혹은 자비량 목사란 교회 바깥에서 재정적 필요의 대부분을 해결하는 사람일세. 이 모델은 미국에서 서부 개척 운동 시기 즈음까지 표준이 되어왔다네. 신학교가 성장하고 전문 목회자가 많아지면서 자비량 사역자의 수는 줄어들었지만, 완전히 사라진 것은 아니지."

"지금도 자비량 목사가 존재합니까?" 내가 물었다.

"그럼, 많은 교회 지도자들이 자비량 목사의 부흥을 얘기하고 이 같은 추세가 향후 10년간 더 늘어날 것이라고 전망하네. 현재 많은 자비량 목사들이 영국 성공회, 미국 침례교, 흑인 교단, 남침례교, 오순절파, 독립 교단 등에서 사역하고 있네."

"자비량 목사님들은 제가 겪어보지 못한 어려움을 경험할 것 같습니다." 내가 말했다.

"맞네, 자비량 목사님들이 만나는 기본적인 도전은 두 직업의 균형을 찾는 것과 일, 교회, 가정에서의 책임을 모두 감당하는 것이지. 생계를 위한 일과 교회 사역 모두 많은 시간을 드려야 한다면 자비량 사역이 제대로 이루어질 수가 없네. 자비량 사역의 최대의 도전은 한계를 명확히 그어서 두 개의 전업으로 끝나지 않게 하는 거라네."

"다행히도 저희 교회는 사례비가 넉넉한 편입니다." 내가 말했다,

"부족한 재정을 채우기 위해 한 주에 몇 시간씩 판매원 일을 하긴 하지만요."

"부업이 있군." 목사님이 말했다. "자비량 목사는 수입의 대부분을 목회 외의 일로 충당하네. 자네는 교회 사역을 통해 수입의 대부분을 벌고 있으니 자비량 목사에 속하지는 않네."

"알겠습니다."

"자비량 사역을 하는 사람들의 약 70%가 자비량의 이점을 믿고 그와 같은 형태의 사역을 선택하네. 예를 들어, 두 가지 일을 병행함으로써 직업을 가진 성도들의 필요와 고민을 더 잘 이해할 수 있다든지 하는 것이지.[2] 최근에 남침례교 주일학교에서 시행한 연구 결과가 흥미롭던데, 자비량 목사도 전임 목사만큼 효과적으로 사역한다고 하더군."[3]

"개인적으로 자비량 목회에 부르심이 있는 것 같지는 않지만, 유용한 사역인 것만은 분명한 것 같습니다." 내가 말했다.

"그렇지, 자비량 사역은 규모가 작고 재정적으로 어려우며 지리적으로 소외된 교회에 효과적인 방법이네. 그러나 모든 연구자들이 인정하듯 자비량 교회가 성장하는 일은 극히 보기 드물다네. 전에도 말했듯이, 가서 제자 삼으라는 주님의 지상명령이 우리의 사명이라면 적합한 사역자 팀을 확보하는 일이야말로 결정적인 요인이야. 자비량 목회는 잘 해 보았자 정체를 면하기 힘들다네."

"적합한 사역자 팀을 확보하는 첫번째 단계는 소형 교회가 전임 사역자를 채용하면서 시작되네. 1950~60년대에는 전임 사역자 한 명을 지원하기 위해서는 십일조를 지키는 가정 열 둘이 필요하다는 것이 통설이었어. 정확한 통계라고 생각되지는 않지만 이 시기의 소형 교회가 전임 사역자를 지원할 능력이 있었음을 뒷받침해주는 몇 가지 요인이 있네. 목사의 사례비와 수당이 낮았고, 자선단체가 많지 않았기 때문에 교인들은 수입의 많은 부분을 교회에 헌금할 수 있었네. 리더십 위치에 있는 사람들은 대공황과 2차 세계대전을 겪은 세대로서 재정적 희생을 감수했지. 땅값과 시설비용도 저렴했고, 교회 프로그램에 대한 기대치도 지금보다 낮았네."

"물론, 지난 반세기 동안 이 모든 것이 변했지. 목사 사례비가 올랐고, 건강 보험료 상승으로 인해 수당도 올랐어. 교인들은 이제 다양하고도 질 높은 프로그램을 요구하고 있어. 땅값과 시설비용은 하늘을 치솟고, 수많은 자선단체들이 앞을 다투어 도움을 호소하는 실정이네. 경제적으로 어려움을 겪어보지 못한 리더들에게 재정적 희생을 기대하기도 어렵지."

"이런 변화들로 말미암아, 이제는 한 명의 전임 사역자를 지원하면서 교인들의 기대치에 부응하는 사역을 뒷받침하려면 어른 150명이 필요하게 되었네."

"그래서 제가 생계유지를 위해 판매 일을 해야 하는 것이군요?" 내가 덧붙였다.

"그렇다네," 밥 목사님이 동의했다. "전임 사역자와 그의 사역을 지원할 수 있는 소형 교회는 언제나 존재해 왔지만 실정이 점점 더 어려워지고 있네. 따라서 소형 교회의 도전거리 중 하나는 전임 사역자를 지원할 수 있는 지점에 도달하는 것이지. 이 표는 교회 크기와 사역자 수를 비교

한다네."

교회	크기	사역자 모델
대형	401명 이상	앙상블 모델 –다수의 사역자
중형	201–400명	4중주 모델 –목사와 소규모 사역자
소형	1–200명 듀엣 모델 1–75명	듀엣 모델 단 한 명의 목사 1–75명

"예외도 있지만, 전임 사역자가 없는 교회가 75명 이상으로 성장하기는 어렵네. 전임 사역자를 지원할 수만 있게 되면 150–200명 까지도 자랄 수 있는 역량이 생기지."

"200명 한계선에 대해 들어본 적이 있어요." 내가 말했다. "사역자 문제가 200명에서의 정체와 어떤 관련이라도 있는 것입니까?"

"그렇다네," 밥 목사님이 얘기했다. "크기가 다른 교회들이 직면하는 제각기 다른 장애물들에 대해서는 다음에 얘기하겠지만, 한 교회가 예배자 수 200명 선을 넘지 못하는 이유는 사역자의 수와 관련이 있다네. 대부분의 목사님들은 150–200명 사이의 성도는 그럭저럭 이끌고 돌아볼 수 있어. 그러나 200명 선에 도달하면 돌봄과 혁신적 지도력의 수준이 현격하게 떨어지게 되지. 그때가 바로 4중주 모델의 사역자 형태로 전환해야 할 때지."

"목회자 한 명으로 200명 이상까지 자라는 교회도 있지 않습니까?" 내가 물었다.

"그럼!" 목사님도 동의했다. "하지만 내가 관찰한 바에 의하면, 그런 경우 목사가 일 중독이던지 아니면 엄청난 양의 일을 처리해 내는 유능한 비서를 두고 있던지 둘 중 하나더군. 두 경우 모두 교회가 정체에 빠지지 않고 300명 이상까지 자라는 일은 거의 없었네."

"목사님의 표를 미루어 보아, 한 교회가 200명에 도달할 때 또 다른 사역자를 필요로 하는 것 같습니다. 그런가요?" 내가 물었다.

"그렇지 않네. 가능하면 200명에 도달하기 전에 사역자를 추가 채용해야 하네. 그래야만 교회가 제대로 돌아갈 수 있지." 말씀 중에 목사님은 종이 한 장을 집어 들었다.

"사역자 한 명을 채용하기 위해 어른 성도 150명이 필요하다는 것을 전제로 교회 크기 별 필요한 사역자 수를 대비해보면 이렇다네." 목사님은 종이에 줄을 긋고 숫자를 써내려 갔다.

교회의 크기	필요한 사역자 수
1-150명	1
151-300명	2
301-450명	3
451-600명	4
601-750명	5
751-900명	6
901-1050명	7

"이 표를 보고," 목사님이 말씀을 이어나갔다. "어떤 사람은 예배자 수가 평균 300명에 이를 때 사역자를 추가 채용해야 한다고 생각할지도 모르겠네. 하지만, 한 교회가 사역자를 추가하지 않고서는 결코 300명에 이르지 못할 걸세. 실제로 300명까지 자라게 하는 비결은 200명에 도달하기 전이나 그 즈음에 새로운 사역자를 추가 채용하는데 있지. 후에 세 번째 사역자를 채용하면 450명까지도 자랄 수 있게 되지."

"하지만, 소형 교회가 사역자를 늘리기에는 재정적으로 어렵지 않습니까?" 나는 의문을 제기했다.

"그렇다네, 이점이 바로 교회가 200명 이상 자라기 어려운 이유 중 하나지. 교회가 성도 수 200~400명의 중형으로 자라면서 두 번째, 세 번째 사역자를 추가 채용해야 하지만 그렇게 하기에는 재정적으로 어려운 경우가 많아. 불안정한 상태지. 하지만, 목회자가 두 세 명은 있어야 중형 교회라고 말할 수 있네. 그래서 내가 200명이 안 되는 교회를 소형으로 보는 것이네."

"알겠습니다," 내가 요약해 보았다. "교회가 성장하려면 교회 규모와 사역자 수를 지속적으로 지켜보는 가운데 성장의 기미가 보일 때 사역자 수를 늘려야 한다는 말씀이시죠?"

"정확히 이해했네!" 목사님이 흥겹게 응원해 주었다. "교회가 중형에서 대형으로 도약하기 위해서는 네다섯 명의 사역자와 더불어 보조 인력이 필요하네. 하지만, 세 명에서 네 명으로의 변화는 어려운 전환이라는 점을 알고 있어야 하네. 실제로 이것이 400명 이상으로 자라는 것을 막는 장애물 중 하나지."

"그게 무슨 말씀이시죠?" 내가 물었다.

"내가 관찰한 바에 의하면," 목사님이 말했다. "가장 어려운 사역자 수 전환은 세 명에서 네 명으로의 전환이네. 가족으로 바꿔서 생각하면 이해가 쉽지. 저와 아내가 첫 아이를 낳아 아빠, 엄마, 아이가 한 가족을 이루었을 때는 가족으로서 기능하기가 쉬웠던 것 같네. 둘째를 낳고는 가족의 역동성이 거의 180도 달라졌지. 근본 문제는 둘째 아이가 늘 소외감을 느낀다는 사실이었어. 우리가 아무리 노력해도 이미 관계가 잘 확립된 세 사람 사이를 끼어들기를 어려워했어. 셋째를 낳고는 훨씬 좋아졌는데, 둘째와 셋째가 관계를 형성하여 그들만의 소그룹을 형성했기 때문이었지.

이와같이 사역자가 세 명일 때는 순조로웠던 교회가 네 명으로 늘어나면서 기대치 않았던 역동성을 경험하게 되는 거라네. 나는 이것이 교회가 400명 선에서 정체되는 한 이유라고 생각하네. 네 번째 사역자는 종종 먼저 있던 세 명의 사역자들 사이에서 소외감을 느낀다네. 다섯 번째 사역자가 새로 오면 네 번째 사역자로서는 아군을 얻는 셈이지. 네 번째 사역자 추가로 인해 어려움이 많기 때문에 나는 종종 세 명의 사역자가 있는 교회는 곧바로 다섯 명으로 늘릴 것을 권한다네. 그 편이 훨씬 나을 것 같아서지."

"전혀 몰랐던 사실입니다." 내가 한마디 거들었다. "그런데 왜 교회들은 사역자를 늘리는 일에 투자하지 않는 것이죠? 이 개념을 이해하고 실천하는 일이 그렇게 어려울 것 같지는 않는데 말입니다."

"근본적인 문제는 교회의 우선순위에 있네." 목사님이 제안했다. "많은 교회들이 시설, 프로그램, 사역자의 순서로 우선순위를 두고 있네. 하지만, 이와 같은 우선순위를 가진 교회는 종종 줄어들고 있거나 정체된 교회라네. 반면, 교역자, 프로그램, 시설 순서로 우선순위를 두는 교회는 대개 성장하는 교회지."

"놀라운 통찰이세요! 앞으로 저희 교회가 자라나갈 때, 올바른 우선순위를 갖도록 노력해야겠습니다."

"마지막으로," 차가 주차된 곳을 향하면서 목사님이 덧붙였다. "사역자의 추가 채용이 교회 성장을 보장해 줄 수는 없지만, 사역자가 부족한 교회가 놀라운 성장을 보여주는 일은 거의 없다네."

"기억하고 있겠습니다." 내가 다짐했다. "다음 주에 뵙겠습니다."

정리하기

그 주, 사역자에 대한 목사님의 개념들을 정리하다가 지난 수년 동안 섬겼던 교회들의 당시 사역자 현황을 떠올려보았다. 각 교회의 크기와 사역자 수는 목사님의 분석과 정확히 일치했다. 목사님 이론을 바탕으로 여러분의 교회는 다음 단계로 성장하기 위해 몇 명의 사역자가 더 필요한가? 사역자를 늘리는데 장애물이 있다면 어떤 것이 있는가? 이 장애물을 극복하기 위해서 여러분은 오늘 무엇을 시작할 수 있겠는가?

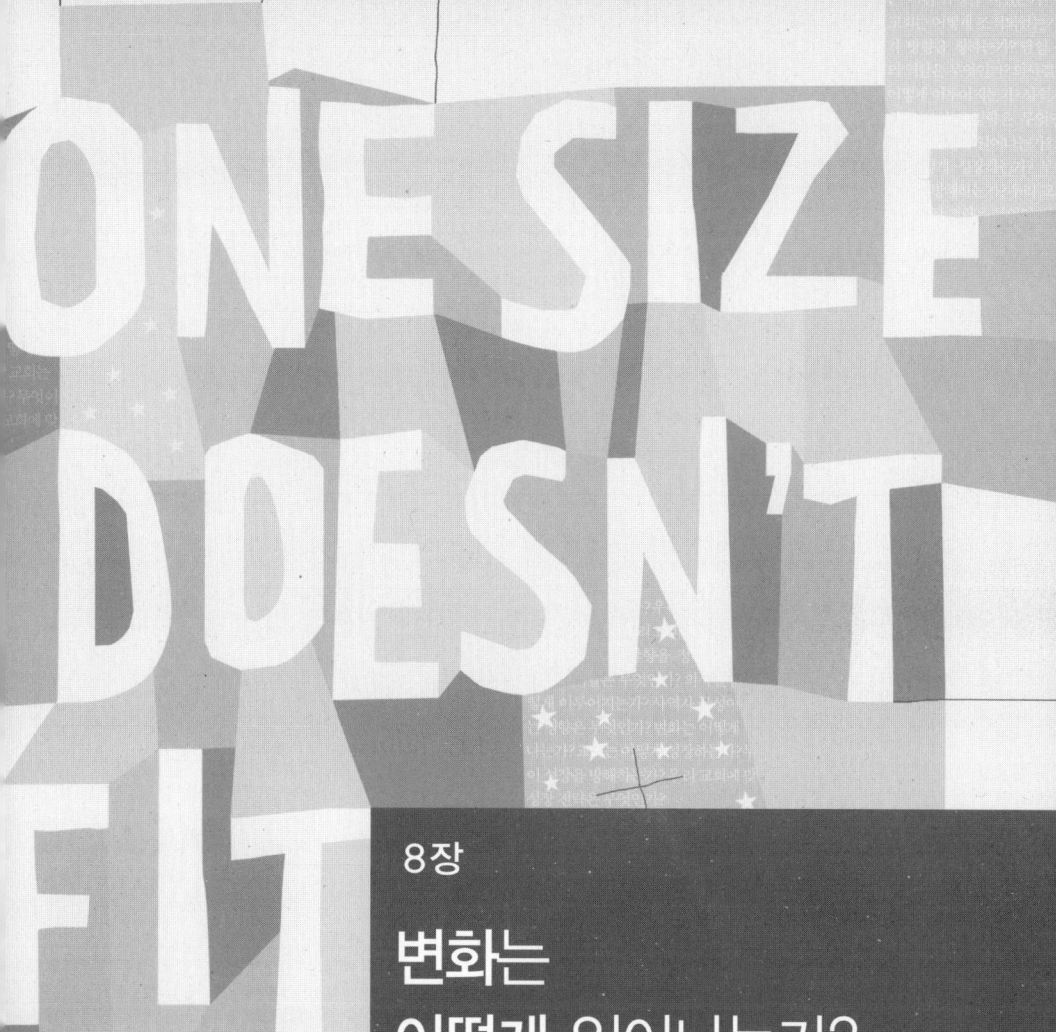

8장

변화는 어떻게 일어나는가?

How Does Change Take Place?
변화는 어떻게 일어나는가?

💬 삐비비빕! 삐비비빕! 삐비비빕! 삐비비빕! 침대 위를 굴러가 손을 더듬어서 겨우 자명종 시계를 껐다. "벌써 일어날 시간이라니 말도 안 돼!" 조금만 더 눈을 붙이기로 했다. 다시 눈을 뜨고 시계를 보았을 때 잠은 순식간에 달아났.

"7시 10분이라고?" 나는 화들짝 놀라 소리를 질렀다. "아이고, 늦었다!"

샤워를 하는 둥 마는 둥하고, 옷을 대충 주워 입고, 식당까지 차를 모니 15분 지각이었다. "이럴 때 휴대폰이 있어야 되는데." 휴대폰이 없는 아쉬움을 달래며 서둘러 식당으로 발걸음을 옮겼다.

"커피, 커피, 커피가 필요해." 혼잣말을 하면서 목사님이 앉아계시는 곳까지 걸어갔다.

"오늘 아침은 순조롭지가 않은가 보네!" 목사님이 미소로 나를 반겼다.

"별일 아닙니다." 내가 말했다. "조금 늦었습니다."

제8장 · 변화는 어떻게 일어나는가? 125

"괜찮네." 목사님이 나를 안심시켜 주었다. "덕분에 독서를 조금 했네."

주문을 마친 후에 목사님이 물었다. "운영위원회와는 관계가 좀 좋아졌는가?"

"제 생각에는 많이 좋아진 것 같습니다. 저를 존중해주고, 임원들과 교회를 생각하는 제 마음도 알아주는 것 같습니다. 목사님께서 말씀해주신 것들이 관계 개선에 큰 도움이 되었습니다."

"아주 잘 되었네." 목사님이 말했다.

맥킨토시의 교회 크기 별 유형

구분	소형 교회	중형 교회	대형 교회
크기	15-200명의 예배자	201-400명의 예배자	401명 이상의 예배자
특성	관계 중심	프로그램 중심	조직체 중심
구조	싱글 셀	늘어난 셀	멀티플 셀
리더십	핵심가정	위원회	선출된 리더들
목사	사랑의 목자	행정가	리더
의사결정	역사를 바탕으로 회중에 의해	필요를 바탕으로 위원회에 의해	비전을 바탕으로 사역팀과 리더에 의해
사역팀	자비량/단독목사	소수의 사역자	다수의 사역자
변화	핵심 인물들을 통해 아래서 위로	핵심 위원회를 통해 중심에서 밖으로	핵심 리더들을 통해 위에서 아래로

"하지만 저희 교회는 몇 가지 부분에 있어서 변화가 필요합니다. 그런데 그 변화를 어디서부터 시작해야 할지 모르겠습니다."

"오늘 그 부분에 대해 얘기를 나눠보세." 밥 목사님이 말했다. "자, 가지고 있는 맥킨토시 카드를 한 번 보게나."

"아래에서 위로, 중심에서 밖으로, 위에서 아래로" 내가 카드를 읽었다. "제가 한번 의미를 추측해봐도 되겠습니까?"

"그렇게 해보게." 목사님이 허락했다.

"이번 줄을 위 줄들과 비교해 보니, 소형 교회의 변화는 핵심 가정이나 다른 평신도 리더로부터 시작되는 것 같습니다. 담임 목사도 변화를 주도할 수는 있겠지만, 회중들로 하여금 변화에 대해 주인의식을 갖게 하기 위해서는 핵심 리더가 주도해야 합니다."

"잘 해석해 냈네." 목사님이 칭찬해 주었다. "자, 여기에 그 유명한 내 그림 하나를 더 그려 볼까나." 농담을 하며 목사님은 다음 그림을 그렸다.

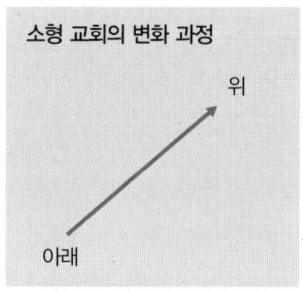

"자네가 잘 말해 주었듯이," 목사님이 말했다. "소형 교회에서는 일반적으로 평신도 리더가 필요성을 느끼고 필요한 절차를 밟음으로써 변화가 일어난다네. 교회 옆 부지를 사고 싶었던 내 친구 이야기를 기억하는가?" 목사님이 물었다.

"예," 내가 대답했다. "제 기억으로, 그분은 운영위원들과 가능한 변화에 대한 대화를 주도한 후, 운영위원들이 땅 매입의 절차를 밟을 때까지 기다렸습니다."

"맞아! 아래에서 위로의 변화가 어떻게 일어나는지 보여주는 좋은 예지. 계속해 보게나." 목사님이 격려해줬다.

"중심에서 밖으로는 중형 교회의 변화가 핵심부서, 운영위원회, 팀을 통해 시작되는 것을 의미합니다." 내가 대답했다.

"또 맞추었네. 이번에는 자네가 그림을 그려보게나."

나는 목사님께 종이를 받아 중심에서 밖으로의 개념을 보여주는 그림을 그렸다.

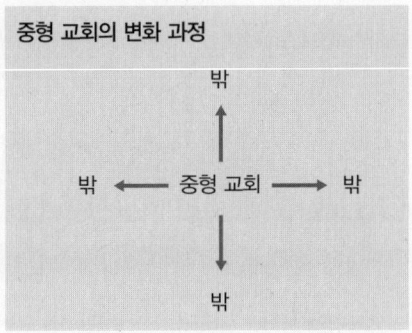

"훌륭하네!" 목사님이 계속해서 응원해 주셨다. "중형 교회 목사님들은 모두 변화를 일으키기 전에 이 그림을 염두에 두어야 하네. 변화가 일어나기 전에 부서, 위원회, 팀 중 과연 어떤 그룹이 변화를 주도해야 하는지 생각해 보아야 하지. 이제 대형 교회로 넘어가 보세. 위에서 아래로

는 무슨 의미일까? 아주 당연해 보이지 않는가?"

"그런 것 같습니다." 내가 대답했다. "위에서 아래로는 대형 교회의 변화가 핵심 교역자와 평신도 리더의 도움으로 담임 목사에 의해 주도되고 시작됨을 의미합니다. 대형 교회의 변화 주도 방식을 그림으로 표현해 보면 이렇습니다."

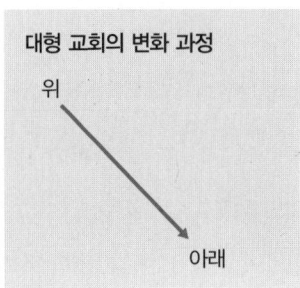

"맞네." 나의 멘토가 말했다.

"우와!" 나도 모르게 감탄이 터졌다. "교회 크기에 비추어 생각하니 답들이 분명해 지는데요?"

"그렇다네. 하지만 지나치게 단순화시키지 않도록 주의하게. 맥킨토시 카드에 요약된 개념들은 우리가 지금까지 발견한 것 이상의 훨씬 더 풍성한 사고로 안내해주는 매개체에 불과하네. 위에서 아래로의 변화를 생각해 보게. 교회가 무엇을 해야 하는지 말하기만 하면 사람들이 따라올 거라 생각하는 목사도 있을 걸세. 나는 이것을 리더십의 '채찍 법칙'이라고 부르네. 사람들을 이해하려 들지 않고, 그저 몰아붙이고 채찍질하고 낙인을 찍는 방식이지. 이런 방식은 극히 드문 경우에만 성공하네. 나는 늘 이렇게 말하곤 하지.

> 사람들을 밀지 말라. 대신 끌어당기라.

"이런 리더십은 어떤 크기의 교회에서든 통한다네. 리더십의 '사슬 법칙'이라는 거지. 내가 탁자 위에 작은 사슬을 놓고 자네에게 사슬을 탁자에서 떼지 말고 움직여 보라고 한다면, 아마 자네는 사슬을 밀거나 당길 것일세. 밀기를 선택한다면, 사슬은 이 그림처럼 겹쳐지게 되겠지." 목사님은 곧바로 아래 그림을 그렸다.

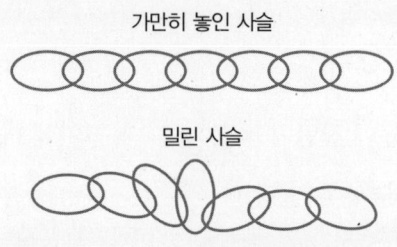

"자네가 사슬을 밀려고 할 때마다 사슬은 서로 겹치면서 저항을 할걸세. 물론, 그럼에도 불구하고 계속 민다면 사슬은 곧 자네가 원하는 방향으로 움직이겠지. 하지만, 이것은 사슬을 움직이는 가장 효과적인 방법이 아닐세. 한 고리가 다음 고리를 당겨주며 고리마다 자기 역할을 하는 대신 뒤엉킨 사슬 더미로 끝나버릴 테니까."

"정말 그러네요." 나는 고개를 끄덕이며 말했다.

"사슬을 움직이는 가장 좋은 방법은 사슬을 당기는 것이네. 그렇게 해야 고리 하나하나가 사슬을 움직이기 위해 서로 협동하여 힘이 훨씬 적게 들지. 리더십의 사슬 법칙을 제대로 지킨다면, 하나님의 양 무리를 효과적으로 이끄는 유능한 목사가 될 수 있다네. 목자는 결코 양 무리를 뒤에서 몰아붙이지 않네. 앞에서 인도하지. 오늘날의 유능한 목사님들은 양들을 밀지 않네. 끌어당기지. 교회의 크기와 상관없이 말일세."

"이제까지 너무 밀어붙였던 것이 후회가 됩니다." 내가 말했다. "무슨 짓을 하는 지도 모르고 리더십의 채찍 법칙을 사용하고 있었어요. 덕분에 90%는 실패했습니다. 하지만 지난 몇 주 동안 사슬 법칙을 사용하기 시작했더니 성도들의 반응이 훨씬 좋아졌습니다."

"그런데 얼마나 빨리 변화를 진행시켜야 합니까? 두 가지 상반된 의견이 있는 것 같습니다. 첫 해 동안은 아무런 변화도 시도하지 말라는 사람이 있는가 하면, 또 어떤 사람은 첫해 동안 바꿀 수 있는 것은 모조리 바꾸라고 하더군요. 누구 말이 맞습니까?"

"나는 새로운 교회에서 사역을 하는 처음 몇 년 동안은 '뱀 구덩이 법칙'을 따르라고 권한다네."

계속 움직이라. 하지만 급격한 움직임은 피하라.

우리가 껄껄대고 웃는 동안 밥 목사님이 덧붙였다. "'급할수록 돌아가라'는 말도 있지 않은가. 사람들을 위협하지 않는 범위 내에서 교회가 전진할 수 있는 변화를 일으켜야 한다는 말이겠지."

"목사님께서는 큰 변화를 일으켜야 할 때를 어떻게 아시는지요?" 내가 물었다.

"하나님께서 변화의 문을 여신다면," 목사님이 제안했다. "변화를 해야겠지. 하지만 문을 여실 때까지 기다려야 하네."

"하나님께서 문을 여실 때까지 기다리라고 하셨는데, 그 때가 언제인지 어떻게 알지요?"

"대답은 잠시 후에 하겠네. 먼저, 변화의 과정을 생각해 보세. 생각해 보면 변화하지 않는 것은 아무것도 없다네. 모든 것은 변하지. 이점을 기억하게나."

> 변화는 저절로 이루어진다. 하지만 성장은 노력이 필요하다.

"우리는 끊임없이 일어나는 변화가 아닌 규칙적이고도 적극적인 성장에 대해 얘기하는 거라네."

"변화와 성장사이에 차이점이 있습니까?"

"그렇다네." 목사님이 대답했다. "실제로 교회에는 세 단계의 변화 혹은 발전이 있네. 작은 변화, 큰 변화, 혁신적인 변화지. 작은 변화는 현실에 대한 인식이 크게 달라지지 않고 이루어지는 경미한 변화네. 이런 변화는 새 카펫을 깔거나 페인트를 새로 칠할 때처럼 모든 교회에서 일상적으로 일어나지. 큰 변화는, 교회가 새로 나온 사람들에 대하여 잠시 들른 방문객이 아닌 귀한 손님으로 여기고 실제로 그렇게 대할 때처럼, 사람들이 새로운 관점을 갖게 되고 새로운 방식으로 행동할 때 일어나고. 혁신적인 변화는 교회의 초점이 신자 중심에서 잃어버린 영혼 중심으로 바뀔 때처럼 믿음과 행실에 있어서 급격한 변화가 있을 때에만 일어난다네."

"그렇게 설명해 주시니 이해하기가 쉽습니다. 제 짧은 경험만 봐도, 오늘날 많은 교회들이 필요한 것은 혁신적인 변화인 것 같습니다."

"많은 사람들이 자네 생각에 동의할 걸세. 교회를 포함해 다양한 조직의 변화를 조사한 연구에서, 혁신적인 변화를 위한 최선의 길은 다음 일곱 가지 과정을 충실히 따르는 것이라고 했네."

목사님이 설명하는 동안 나는 수첩에서 종이 한 장을 뜯어 '혁신적인 변화의 과정'의 7가지 목록을 적었다.

"첫째, 적절한 타이밍을 잡게." 목사님이 설명을 시작했다. "성경은 다시 오지 않는 기회의 순간에 대해 언급하고 있네. 예를 들어 사도 바울도 권고하지 않는가 '기회가 있는 대로 모든 이에게 착한 일을 하라'(갈 6:10)고 말일세. 우리는 서로에게 선을 행할 기회를 잡아야 하네. 시간은 한번 가면 다시는 되돌아오지 않기 때문이지. 마찬가지로, 교회 생활에서도 혁신적인 변화를 가능케 하는, 성도들의 마음이 평소보다 더 열리는 시기가 있네. 자네 질문에 답하자면, 이때가 바로 하나님께서 변화의 문을 여시는 때라네. 변화를 시도해야 할 다섯 개의 주요 타이밍을 알려주겠네. 이것이 '변화의 기회'를 기억하는데 도움이 될 걸세." 목사님이 작은 카드를 건네며 나에게 말했다.

> **다섯 가지 변화의 기회**
> 1. **위기의 때** 위기란 성도들로 하여금 '뭔가 조치를 취해야 한다'고 생각하게 만드는 모든 것이 될 수 있다. 예를 들자면 교회 화재, 목사의 소천, 새 고속도로 건설로 인한 교회 자산의 손실 등이 변화에 대해 회중의 마음이 열리는 위기들이다.
> 2. **목회자 교체의 시기** 새로운 목사의 부임으로 교회의 미래는 불투명해진다. 덕분에 교회의 목적, 목표, 비전을 포함하여 교회의 미래를 내다보게 하는 모든 질문들에 대해 토론의 문을 열어 준다.
> 3. **예산 계획의 때** 연중 예산 계획을 통해 교회는 우선순위를 점검할 수 있다. 새로운 방향성과 우선순위를 세우는 시간이다.
> 4. **부흥의 시간** 성령은 때때로 특별한 영적 회복의 시간을 통해 교회를 축복하신다. 이런 일은 성도들의 기도를 통해 일어나기도 하지만, 성령의 역사는 바람과 같아서 그의 임재가 언제 나타날지는 아무도 알 수 없다. 하나님의 전능한 손길이 교회 위에 임할 때, 새로운 사역에 대한 기회의 문이 열린다.
> 5. **기획의 시간** 가장 흔하게는, 기획이라는 일상적인 절차를 통해 변화의 문이 열린다. 새로운 성경공부반을 기획하거나 최첨단 프로그램을 설계함으로써 교회는 새로운 방식으로 사고하게 된다. 장기 계획을 세움으로써 교회는 과거를 반성하고 현재를 분석하며 미래를 향해 비전을 품는다.

"이 카드를 늘 곁에 두게나." 목사님이 권했다. "때때로 복습하다 보면 기회가 왔을 때 민첩하게 대처할 수 있을 걸세."

"적절한 타이밍을 기다리지 못한 것이 제 문제였던 것 같습니다." 나는 반성했다. "지금까지 저는 비전의 필요성에 대해 많은 책을 읽어왔는데, 비전은 변화의 과정과 어떤 관련이 있습니까?"

"변화 과정의 핵심은 미래를 향해 새로운 비전을 수립하는 것이네." 목사님이 강조해서 말했다. "따라서, 두 번째 단계는 교회를 위한 바람직한 미래상을 그려보는 것이네. 내 경험에 의하면 이 질문이 도움이 되었네. '우리 교회가 5년 안에 하나님이 원하시는 모습대로 된다면 어떤 모습일까?' 내가 이 질문을 좋아하는 이유는 단순하지만 깊이가 있기 때문이네. 이 질문 덕분에 나는 미래를 생각할 수 있어. 상상할 수 없을 만큼 너무 먼 미래도 아니지. 발전에 초점을 맞춘 질문이기 때문에 될 수 있는 모든 것을 생각하게 해준다네. 또한 하나님 중심의 사고로서 영적 역동성이 강조되고 있네. '나는 교회가 어떻게 되길 원하는가?'가 아니라 '하나님은 교회가 어떻게 되길 원하시는가?' 하는 질문이지."

"비전은 사명 선언문을 통해 표현될 수 있는 것인가요?" 내가 물었다.

"어느 정도는 그렇다네." 목사님이 말씀을 이었다. "하지만 나는 사명과 비전을 구분하길 좋아해. 내 생각에 한 교회의 목적 혹은 사명은 그 교회가 존재하는 성경적 이유를 설명해 준다네. 반면 비전은 어떻게 그 목적이 이루어질 수 있는가에 대한 세부사항이지."

"예를 들어주실 수 있으신가요?"

"그러지. 내가 본 좋은 사명 선언문들 중 하나는 이렇다네. '우리 교회의 목적은 사람을 찾고, 돌보고, 세움으로써 하나님을 영화롭게 하는 것이다.' 이 선언문은 전도, 정착, 성숙이라는 성경적 우선순위들을 반영해 준다네. 그러나 어떤 식으로 전도, 정착, 성숙이 일어나는지에 대해서는 아무 것도 말해주지 않는다는 점을 주목하게. 그렇기 때문에 비전이 필요한 것이지.

비전 선언문은 사명 선언문에 현실에 맞는 살을 붙인 것이네. 이렇게 말일세. '우리의 비전은 지역사회의 비그리스도 가정을 위해 크리스천 유치원을 설립하는 것이다. 우리는 아이들에게 탁월한 교육을 제공하고, 사랑의 방법으로 그리스도를 전함으로써 가족들을 교회로 인도하며, 그들이 믿음 안에서 자라도록 독창적인 세미나를 열 것이다.' 차이점이 보이는가?

이 비전 선언문은 사명 선언문에 대해 누가 어떻게 무엇을 할지 분명하게 규정하고 있네. 이 비전 선언문을 통해 교회는 목적과 비전을 모두 실현시킬 수 있는 목표를 정하고 계획을 세울 수 있지."

"전혀 생각해 보지 못했던 개념입니다." 내가 말했다. "사명과 비전의 개념에 차이가 있는 줄은 전혀 몰랐습니다. 하지만 이제라도 알게 되어서 다행입니다. 비전을 세웠으면, 다음 단계는 무엇이죠?"

"세 번째 단계는 성도들이 그 비전을 자신의 것으로 삼도록 돕는 거라네. 이를 위해 가장 좋은 방법 중 하나는 불협화음을 만들어내는 거지. 성도들이 새 비전을 받아들이기에 앞서, 변화의 필요성을 인식하는 것이 중요하네. 이런 일은 현재의 모습과 바라는 모습 사이에 부조화가 생길 때 일어나지."

"어떻게 그 불협화음을 만들어내죠?"

"수년 전, 콜로라도 덴버에 있는 한 교회의 리더들은 성도들의 마음에 그 도시를 향한 새로운 비전을 심어주길 원했네. 이를 위한 첫 단계로,

주일 아침 예배에 참석한 모든 사람들을 데리고 시내 관광에 나섰지. 리더들은 사람들을 모두 태울 수 있는 버스를 대절하고, 도시의 필요를 보여줄 수 있는 안내원들을 훈련시켰어. 예정된 주일 아침, 설교는 도시 관광으로 대신 될 거라고 광고했네. 사람들은 모두 밖으로 나가 버스를 타고 관광 길에 올랐지. 리더들은 성도들에게 도시의 필요를 직접 보여줌으로써, 교회가 현재 하고 있는 일과 하나님이 부르시는 일 사이의 차이를 보여줬네. 모든 교회가 같은 방법을 사용할 수는 없겠지만, 어떤 교회든 이 이야기를 통해 배울 점이 있다고 생각하네. 비전이 제시하는 필요와 기회를 보도록 성도들을 도와야 한다는 것이지."

"제 친구는 비디오를 사용하여 같은 목적을 이루어 냈습니다." 내가 나누었다. "교회 근처에서 화재가 나서 몇 블록에 걸쳐 있는 집들이 모두 타버리자 리더 몇 명이 화재 현장을 비디오에 담아 편집한 후 예배 시간에 상영했습니다. 비디오가 끝나고 목사님이 화재 피해자들을 돕자는 비전을 나누었을 때 폭발적인 지지를 받았다고 합니다."

"훌륭한 예화일세!" 목사님이 탄성을 질렀다. "언젠가 그 예화를 사용해야겠네. 내 말이 바로 그 말이네. 불협화음을 만들어내는 방법은 많아. 필요와 기회를 보여주기만 하면 성도들이 비전을 개인화하는 문제는 자동으로 해결되지."

"이 문제는 자연스럽게 네 번째 단계로 넘어가게 해주네. 비전을 성취하기 위해서 과연 어떤 활동이 필요한지 결정하려면 평가를 해야 해. 먼저, 교회가 비전을 향해 나아가기 위해 이루어져야 할 변화들에 초점을 두고 교회 사역을 면밀히 분석해야 하지. 나는 전도, 예배, 친교, 교육,

청소년 등 교회의 주요 사역마다 필요한 변화의 목록을 만든다네. 일단 목록이 만들어지면, 그것을 다시 단기, 중기, 장기로 분류하지. 단기로 분류한 것은 1-2년 안에 완성되어야 하네. 3-5년 정도 걸리는 것은 중기로 분류하고, 그 외 5년 이상 기다려야 하는 것은 장기에 속한다네. 이 목록들은 교회의 목표가 된다네."

"다시 말해서 목사님께서는 비전을 성취하기 위해 해야 할 일들의 우선순위를 정하시는 것입니까?"

"맞추었네. 목표를 열거함으로써, 구체적으로 무엇을 해야 할지 알고 전략적으로 행동할 수 있네. 목표를 하나씩 달성해 나가다 보면, 비전의 성취는 한층 가까워지지. 물론, 이 일을 할 때 성도들의 이해를 새롭게 하는 것이 중요한데, 이것이 다섯 번째 단계라네. 새 비전이 과거의 사건들과 별개가 아님을 보여주기 위해 그 사건들을 재해석할 필요가 있어. 아까 말한 예로 돌아가서, 크리스천 유치원을 시작하는 새 비전은 이전의 여름/겨울 성경 학교 비전과 어떻게 통합될 수 있을까? 리더들은 새 비전이 이전 비전과 연속선상에 있으며 다만 방법만 다를 뿐임을 보여주어야 하네."

"교회의 새 비전이 과거와 연관성이 있어야 한다는 말씀이십니까?"

"맞네." 목사님이 동의했다. "개척 교회가 아닌 이상 모든 교회는 미래의 조명하에 재해석 되어야 할 역사가 있기 마련이라네. 나는 항상 이렇게 말하지.

> 교회는 뒤를 돌아보고 앞으로 도약할 필요가 있다.

지난 날 하나님께서 교회에 행하신 놀라운 일들을 찬양하기 위해 뒤를 돌아보고, 그리고 나서 오늘날 하나님께서 교회에 주시는 새로운 기회와 도전을 기대하며 앞으로 도약하는 거라네."

"중요한 말씀이십니다." 내가 말했다. "저는 지금까지 과거를 무시하고 오로지 미래에만 초점을 두려고 했습니다. 반성해야 할 부분인 것 같습니다. 나머지 두 단계는 무엇이죠?"

"여섯 번째 단계는 지지를 얻어내는 것이네. 처음 다섯 단계가 성공적으로 이루어지면 이번 단계는 거의 저절로 이루어진다고 볼 수 있지. 성도들이 과거의 역사와 현재의 필요를 미래의 비전과 연결시킬 수만 있게 되면 변화를 지지해 줄 것일세. 이때가 바로 자네가 헌금이나 자원 봉사, 투표를 요청해야 하는 시점이지. 지지를 얻으려고 하기 전에 선행 단계들을 성실하게 밟아야 한다는 점을 주의하게나. 그렇지 않으면 비전은 긁어 부스럼이 되어버린다네."

"벌써 저질러 버린걸요." 내가 농담조로 말했다.

"당연하겠지만, 일곱 번째 단계는 변화를 시행하는 것이네. 진척도를 주시하면서 전략을 실행하고, 결과를 평가하며, 필요하다면 조정을 하는 거지."

나의 요약본을 여기에 소개한다.

혁신적인 변화의 과정

1. 적절한 타이밍을 잡아라.
2. 교회의 바람직한 미래상을 그리라.
   - 사명 선언문(Mission Statement): 교회가 존재하는 성경적 근거

- 비전 선언문(Vision Statement): 사명선언문을 실행하는 방법
3. 회중이 비전을 개인화하도록 도우라.
4. 어떻게 비전을 성취시킬지 결정하라.
   - 단기 목표
   - 중기 목표
   - 장기 목표
5. 성도들의 이해를 새롭게 하라.
6. 지지를 얻으라.
7. 변화를 시행하라.
   - 진척을 관찰, 기록하라.
   - 결과를 평가하라.
   - 조정하라.

나는 최근 몇 주 동안 변화 과정에 대한 목사님의 통찰들을 우리 교회에 적용해 보았다. 비전을 나누는 내 접근 방식부터 크게 조정했다. 결과적으로 변화에 대해 성도들의 마음이 더욱 열리게 되었다. 지금까지 우리가 이뤄낸 변화들은 몇 개의 큰 변화와 더불어 대부분 작은 변화에 해당하지만, 이제 거의 첫번째 혁신적인 변화를 시작할 준비가 되었다. 목사님 덕분에 나는 성도들 사이에서 필요한 권한을 얻게 되었고, 내 의견이 받아들여질 것을 확신한다. 최근의 이와 같은 변화로 인해 새 가족도 늘었다.

그러나 한편으로는 새로운 질문들이 생긴다. '교회는 어떻게 성장하는가?', '모든 교회는 성장할 때 동일한 장애물을 만나는가?', '성장을 위한 최선의 전략은 무엇인가?' 등과 같은 질문들 말이다. 다음번에는 목사님께 이런 점들을 여쭤 보아야겠다.

정리하기

이번 주에 나는 목사님으로부터 유익한 사실들을 많이 배웠다. 아래 있는 짧은 목록을 보고, 여러분의 개인적인 삶, 사역, 교회를 위해 생각나는 통찰들을 적으라.

1. 소형 교회의 변화 과정은 아래에서 위로, 중형 교회는 중심에서 밖으로, 대형 교회는 위에서 아래로 향한다.

   당신의 삶, 사역, 교회를 위한 통찰:

2. 리더십의 사슬 법칙은 말한다. "사람들을 밀지 말라. 대신 끌어 당기라."

   당신의 삶, 사역, 교회를 위한 통찰:

3. 뱀 구덩이 법칙은 말한다. "계속 움직이라. 하지만, 급격한 움직임은 피하라."

   당신의 삶, 사역, 교회를 위한 통찰:

4. 세 가지 변화의 단계들: 작은 변화, 큰 변화, 혁신적인 변화

   당신의 삶, 사역, 교회를 위한 통찰:

5. 교회의 혁신적인 변화는 7가지 과정을 충실하게 밟았을 때 일어난다.

   당신의 삶, 사역, 교회를 위한 통찰:

9장

교회는 어떻게 성장하는가?

How Do Churches Grow?
교회는 어떻게 성장하는가?

 "몇 주 전 목사님 사무실을 방문했을 때, 벽에 이런 문구가 있었습니다.

> 교회 성장은 목표가 아니라 과정이다.

정말 옳은 말이라는 생각이 듭니다. 여기에 대해 조금 더 설명해 주시겠습니까?"

"교회 성장이 결코 우리의 목표가 되어서는 안된다는 것을 깨달아야 하네." 밥 목사님이 설명하기 시작했다. "교회 성장은 행복과 같다네. 행복은 잡으려 한다고 잡아지는 것이 아니야. 다른 것을 위해 노력했을 때 부산물로 얻는 것이지. 우리가 가정과 일 그리고 인생의 위대한 목적에 헌신할 때 행복이 우리를 찾아온다네."

"교회 성장도 마찬가지일세. 대형 교회 목사님들께 교회를 어떻게 성장시켰는지 한번 물어보게나. 대부분 시원하게 대답하지 못할 걸세. 목사님들이 위대한 목적을 추구했을 때 교회 성장이 그분들을 찾아온 것과 같다네."

"와! 교회 성장을 그런 식으로 생각해 본 적이 없습니다. 솔직히 말씀드려서 저는 교회 성장이 단순한 숫자 게임으로 여겨지는 것 같아 늘 염려스러웠습니다."

"그렇지, 그것은 완전히 잘못된 생각이네. 교회 성장은 제자 삼기에 대한 문제이지 숫자 늘리기가 아니야. 우리의 목적은 언제나 마태복음 28장 16-20절에 나오는 그리스도의 명령대로, 제자를 삼는 일이 되어야 하네. 그리스도께서 누가복음 19장 10절에서 말씀하셨듯이 잃어버린 영혼을 찾아 구원하러 오신 주님을 따라 우리도 동일한 목적을 추구해야 하지. 우리의 삶과 열정을 이 궁극적인 목표를 추구하는데 투자할 때, 성장은 부산물로 자연스럽게 따라오는 것이지. 진정한 제자 삼기를 통해 지역 교회에 뿌리를 내리는 새로운 제자들이 생기고 그러면 자연히 교회가 성장하는 거라네."

"이해가 됩니다." 내가 말했다. "전에 사역했던 교회는 일정 크기까지 자라면 지교회를 시작하는 법칙을 세웠습니다. 이렇게 하는 것이 지혜로운 선택일까요? 목사님께서는 교회에 적합한 크기가 있다고 생각하십니까?"

"그래서 내가 '교회 성장은 목적지가 아니라 여정이다'라는 말을 즐겨

하는 것이네. 성장이 목적지라면 우리는 성경을 통해 도달해야 할 분명한 크기를 알았을 걸세. 하나님께서는 교회가 얼마나 커지길 원하시는지 분명히 말씀하셨을 걸세. 어떤 크기에서 성장을 멈춰야 할지, 혹은 언제 지교회를 세워야 할지 지시하셨겠지."

"물론 성경 어디에도 이런 종류의 정보는 없네. 우리가 아는 한, 한 교회가 도달해야 할 적합한 크기란 없다네. 성장하는 교회를 성장하는 아이와 비교해 보세. 세상에 어떤 부모가 자녀에게 '너는 충분히 커. 발은 너무 크고. 이제 그만 커라'라고 하는가? 그런 부모는 없네. 아이의 발이 일정 크기에 이르렀다고 더 이상 신발을 사주지 않는가? 오히려 아이의 성장이 자연적으로 멈출 때까지 계속해서 더 큰 신발을 사주지 않는가."

내가 물었다. "사람이 일정 크기까지만 자라듯이 교회도 성장이 멈추는 일정 크기가 있다는 말도 일리가 있지 않습니까?"

"꼭 그렇게만 볼 수는 없네." 목사님이 대답했다. "그렇기도 하고 아니기도 하지. 먼저, 여기서는 성장하는 아이의 비유가 적합하지 않네. 사람은 자신이 성장할 수 있는 최고치에 도달하지만, 교회는 결코 그렇지 않아. 그리스도께 인도해야 할 잃어버린 영혼이 있는 한, 교회 성장에 대한 필요는 언제나 존재할 걸세. 특정 교회가 최대 크기까지 성장했다 해도, 새로운 교회들을 세움으로써 성장이 지속될 수 있지. 실제로 교회 성장은 한 교회의 단순한 확대이기 보다는 새로운 교회의 개척과 더 가깝다네. 교회는 결코 성장을 멈추어서는 안 되네. 완벽한 크기의 교회라는 것은 없지. 완벽한 교회란 여정 가운데 있는 교회인 거야. 잃어버린 영혼을 찾고 구원하는 여정 말일세."

계속되는 목사님의 설명에 내가 끼어들어 물었다. "목사님께서는 하나님께서 교회가 성장하길 원하신다고 믿으시죠?"

"당연하지 않은가!" 목사님의 목소리가 천둥소리처럼 울렸다. "질문 하나 하겠네. 자네는 하나님께서 교회가 퇴보하길 원하신다고 생각하는가?"

내가 민감한 문제를 꺼낸 것은 알았지만, 인정할 것은 인정해야 했다. "그럴리가요. 하나님께서 교회가 퇴보하길 원하실 리가 없지요."

"그럼, 이 질문은 어떤가? 하나님께서 교회가 정체하길 원하실까?"

이미 질문의 의도는 분명히 알았지만, 어찌되었든 또 다시 대답은 해야 했다. "그럴 리가 없죠."

"나는 교회에 있어서 성장 말고는 선택의 여지가 없다고 생각하네. 교회에 대해서 주님이 주신 첫번째 분명한 말씀도 교회의 정의definition가 아니라 교회의 성장이었네! 마태복음 16장 18절에 나와 있는 주님의 말씀도 생각해 보게나. '… 내 교회를 세우리니…'. 이 구절에 대해 주석은 수많은 얘기를 하고 있지만 성경 자체가 최고의 주석이지. 하나님의 은혜로 제자들은 전도와 교회 개척이라는 거대한 사역의 선두에 섰어. 주님의 명령하에 사역했던 사람들은 단순히 선행을 한 것이 아니네. 그들은 복음을 전파했고 사람들을 그리스도께 인도해서 바로 교회를 이루게 했지. 그 일을 교회 성장이라고 부르든 무엇이라고 부르든, 이것은 그리스도의 약속이라네."

"무슨 말씀이신지 충분히 알겠습니다." 나는 웃음을 터뜨렸다. "그런데 아까 그렇기도 하고 아니기도 하다고 말씀하셨는데 그렇기도 한 이유는 무엇입니까?"

"그렇기도 한 이유는 교회가 성장할 수 있는 크기는 지역사회의 특성에 따라 어느 정도 한계가 있기 때문이네. 이 그래프를 좀 보게나."

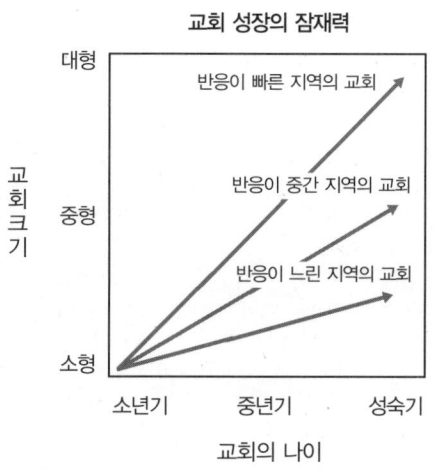

"이 그래프는 단순한 감이 없지 않지만 교회 성장의 몇 가지 측면을 보여준다네. 먼저, 교회의 궁극적인 크기는 어느 정도 교회가 사역하는 지역의 반응도에 의해 결정된다네. 반응이 느린 지역에 위치한 교회는 성장 잠재력이 매우 제한되어 있네. 물론 성장할 수는 있지만 반응이 빠른 지역의 교회만큼 크게, 혹은 같은 속도로 자라기는 어렵지. 둘째로 교회의 성장 잠재력은 시간이 지나면서 쇠퇴한다네. 교회의 성장주기에 관한 연구에 의하면, 한 교회가 성장을 경험할 수 있는 최적기는 첫 25년이라고 하네. 그 이후에도 성장할 수는 있지만, 낡은 양식을 깨고 성장에 결정적인 역할을 하는 새 비전을 수립하는 일이 더욱 어려워지지. 셋째로, 거의 모든 교회가 조금은 성장할 수 있다네. 성장률이 낮은 지역의

교회들조차 말이야."

"잠시만요, 마지막에 하신 말씀 좀 다시 설명해 주십시오." 내가 끼어들었다. "'거의 모든 교회가 조금은 성장할 수 있다'는 말씀이 무슨 뜻이죠?"

맥킨토시의 교회 크기 별 유형

구분	소형 교회	중형 교회	대형 교회
크기	15-200명의 예배자	201-400명의 예배자	401명 이상의 예배자
특성	관계 중심	프로그램 중심	조직체 중심
구조	싱글 셀	늘어난 셀	멀티플 셀
리더십	핵심가정	위원회	선출된 리더들
목사	사랑의 목자	행정가	리더
의사결정	역사를 바탕으로 회중에 의해	필요를 바탕으로 위원회에 의해	비전을 바탕으로 사역팀과 리더에 의해
사역팀	자비량/단독목사	소수의 사역자	다수의 사역자
변화	핵심 인물들을 통해 아래서 위로	핵심 위원회를 통해 중심에서 밖으로	핵심 리더들을 통해 위에서 아래로
성장 양식	관계를 통한 매력형 모델	핵심 사역을 통한 프로그램형 모델	입소문을 통한 선전형 모델

"사실상 모든 교회가 성장할 수 있다는 말이네. 제자를 삼을 수 있다고. 일 년에 불과 한 두 명이 구원을 얻고 교회에 정착한다 하더라도 말이지. 내가 1990년에 읽었던 어떤 글에서는 등록교인의 수가 매년 3%씩 증가할 거라고 예측했다네. 엄청난 성장으로 여겨질 만한 숫자는 아니지

만 성장은 성장이지. 내 통계에 의하면, 대부분의 교회는 가진 자원을 재편성하여 제자 양성에 초점을 맞춘다면 일 년에 약 5%의 성장을 이룰 수 있을 것일세. 일 년에 5%씩 10년이면 62.5%의 성장을 이뤄낸 거지. '거의'라고 말한 이유는 조금도 성장할 수 없는 교회도 있을 수 있기 때문이네. 예를 들어, 쇠퇴하는 조그만 마을에 있는 교회라면 유출 인구 때문에 성장하기 어렵겠지. 하지만 그런 교회도 제자 양성을 통해 최소한 성장의 소망은 가질 수 있다네."[1]

"제 생각에 저희 교회가 위치한 지역은 반응도가 보통인 것 같습니다. 그렇다면, 지난 몇 년보다는 더 성장할 수 있다는 말이겠지요." 나는 카드를 손으로 가리키며 덧붙였다. "이 카드에 의하면 각 크기의 교회가 보여주는 일정한 성장 양식이 있는 것 같습니다. 매력형 모델, 프로그램형 모델, 선전형 모델이라는 이 양식들에 대해 배우고 싶습니다."

"몇 가지 주요 요소들이 어우러져 사람들이 교회를 선택하는데 영향을 미쳐. 그런 요소들과는 별개로 교회를 크기 별로만 살펴보면 교회마다 성장을 위해 특정한 모델을 따른다는 사실을 알게 되지."

"소형 교회는 '매력형 모델'을 통해 성장하네. 교회가 새로운 사람들을 끌어당길만한 온기와 사랑을 내뿜을 때 매력을 통한 성장이 이루어지지. 이것을 교회 성장의 '나방 법칙'이라고도 한다네."

사람들은 나방같이 빛과 온기에 끌린다.

"이 성장 모델은 소형 교회에 안성맞춤이지. 전에도 얘기했듯이, 소형 교회는 관계중심적인 특성을 지녔네. 성도들이 서로 사랑하고 돌보며 건강한 관계를 맺고 있다면 그 교회는 매력을 통해 성장할 수 있는 좋은 기회에 놓여있는 거야. 교회에 나가지 않는 사람이 제 발로 교회를 찾아오는 일은 극히 드물지. 이미 다니고 있는 사람의 초청을 받고 오는 거야. 성도들이 가족과 친구, 지인에게 사랑의 손길을 내밀어야 그 사람들이 교회에 매력을 느끼고 끌리게 되는 거라고."

"하지만, 이 모델의 취약점은 교회와 어느 정도 관계가 있는 사람들에게만 다가갈 수 있다는 점인 것 같습니다." 내가 물었다.

"맞아." 목사님이 인정했다. "하지만 이 약점에도 불구하고 소형 교회는 처음에 이런 방식으로 성장한다네. 미국 나사렛 교단 이야기가 적절한 예겠군. 몇 년 전 나는 그 교단에서 발행하는 잡지 '그로우GROW'에서 등록 교인수가 30,000명 늘었다는 글을 읽었네. 그 기사에 따르면, 새 교인의 25%는 기존 교인의 자녀들이었다네. 35%도 역시 기존 교인의 먼 친척이거나 가까운 친구였고. 놀라운 사실은 새 교인의 10명 중 1명 만 기존 교인과 아무런 관계가 없었다는 점일세![2] 더 중요한 사실은, 나사렛 교단이 소형 교회 교단이라는 것이지. 나사렛 교단 교회들의 평균 예배 참석자 수는 많으면 100명이고, 교단의 절반이 65명 이하라더군.[3] 다른 모든 소형 교회에서 그렇듯이, 매력형 모델은 소규모 나사렛 교회들의 대표적인 성장 전략이었던가 보네."

"아무래도 저희 교회도 소형이다 보니," 내가 끼어들었다. "더 자세히 듣고 싶습니다. 저희 성도들이 서로 사랑하고 돌보는 수준은 양호한 편입니다. 그런데 어떻게 그 사랑을 새로운 사람들과 나누도록 이끌 수 있을까요?"

"그 점이 소형 교회를 이끌어 나갈 때 만나는 도전거리 중 하나지." 밥 목사님이 인정했다. "먼저, 성도들의 그런 장점을 칭찬하며 시작하게나. 축 쳐져 있거나 서로 싸우지 않고 화목하고 사랑한다는 점을 기뻐하게. 그런 다음, 적절한 때가 되면 성도들로 하여금 그 사랑을 다른 사람과 나누는 것이 하나님의 뜻은 아닐지 생각해 보도록 질문을 던지게. 우리는 이미 답을 알고 있지 않나. 성도들도 알 것일세. 한 가지 방법은 사람들을 모아 관련 질문에 대해 2-3시간 동안 토론하게 하는 거라네. 3-5명의 소그룹으로 나누어서 말이지. 그룹 별로 발표자를 정하여 다음 질문들에 대한 답을 전체 그룹과 나누게 하게.

1. 나는 처음 어떻게 우리 교회를 방문하게 되었는가?
2. 왜 계속 나오기로 결정했는가?
3. 우리 교회의 특별한 점은 무엇인가?
4. 새로 온 사람은 우리 교회에 나옴으로써 무엇을 얻을 수 있겠는가?
5. 믿지 않는 친구들을 우리 교회 예배나 다른 행사에 초청함으로써 우리가 얻을 수 있는 것은 무엇일까?
6. 우리는 진정 새로운 사람들을 원하는가?
7. 믿지 않는 친구들을 어떻게 교회로 초청할 것인가?
8. 새로 온 사람들은 우리 교회에서 환영받는가?
9. 우리는 사람들을 초청할 준비가 되어 있는가?

10. 교회 밖에서 믿지 않는 친구들과 사랑을 나누는 일을 어떻게 시작
할 수 있겠는가?4

"그룹 별로 질문을 나누어 분배해도 좋아. 다만, 그룹 별 생각을 전체 그룹과 나눌 수 있도록 이끌어야겠지. 큰 종이를 벽에 붙이고 그룹들이 내어놓는 의견을 받아 적으면 도움이 될 것일세. 종합된 생각을 모두 다 볼 수 있도록 말이지. 토의 중에 하나님의 인도하심을 느끼면, 실제적인 결단과 헌신으로 나아가도록 이끌게. 과정이 결론만큼 중요하다는 사실은 유념하되 너무 복잡해지지는 않도록 주의하고. 아까도 비슷한 얘기를 했지만, 사람들이 필요와 기회를 보도록 도와야 하는 반면, 결정을 실행하는 방법은 스스로 정하게 해야 하네."

"감사합니다! 어디서부터 시작해야 할지 조금 알 것 같습니다. 저희 교회가 사랑과 돌봄에 있어서 만큼은 정말 줄 것이 많다고 믿습니다."

"나도 그렇게 믿네." 목사님이 격려해 주었다. "교회가 성장함에 따라 새로운 사람들이 새 프로그램에 대한 필요와 바램을 가지고 교회에 나오지. 새로운 기대치를 따라 개발된 새 프로그램들 중에는 최소 한 개의 간판 프로그램이 있다네."

"간판 프로그램이요?"

"조금만 더 들어보면 이해할걸세. 흔히 80/20 법칙이라고 불리는 파레토 법칙The Pareto Principle에 의하면 20%의 노력이 80%의 성과를 가져다준다고 하네. 나는 더 나아가 이 법칙을 다음과 같이 세분화시켜 보았네.

- 20%의 노력 = 80%의 성과
- 30%의 노력 = 15%의 성과
- 50%의 노력 = 5%의 성과

    이것은 20%의 성도가 80%의 새신자를, 다시 30%의 성도가 15%의 새신자를, 마지막으로 50%의 성도가 5%의 새신자를 데려온다는 의미지."

    "알겠습니다." 듣기만 하던 내가 한 수 거들었다. "청지기적 삶으로 말하자면, 20%의 성도가 80%의 재정을, 30%의 성도가 15%의 재정을, 50%의 성도가 5%의 재정을 감당한다는 말씀이시죠?"

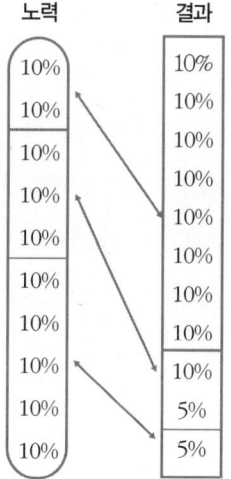

    "맞네! 프로그램도 마찬가지야. 20%의 사역이 80%의 사람들을, 30%의 사역이 15%의 사람들을, 50%의 사역이 5%의 사람들을 불러 모으지. 간판 프로그램이란 교회 성장의 80%를 이루어 내는 상위 20%의 사역을 말하네."

    "이 원칙이 처음에는 대수롭지 않게 보일지도 모르겠네. 하지만, 생각하면 할수록, 이 원칙이 내포하는 전략적인 의미를 조금씩 깨닫게 될 걸세. 이 표가 노력이 결과에 미치는 영향을 시각화하는데 도움이 될 거야."

    "이 표를 좌측에서 우측으로 보면 알겠지만, 우리가 하는 일 중 지극히 작은 분량이 많은 성과를 이뤄낸다네. 예를 들어, 우리 활동 중 20%

에 투자된 시간이 대개 4배의 결과를 낳지. 이번엔 표를 우측에서 좌측으로 보면 우리에게 주어진 시간과 에너지, 돈과 사람을 어떻게 투자해야 하는지 알 수 있네. 예를 들어, 최상의 결과를 얻기 위해서 우리는 가장 효과적인 20%의 프로그램에 80%의 자원을 투자해야 하네. 사역 자원이 한정된 이 시대에 시간과 에너지, 돈과 사람을 최적의 장소에 배치하는 일은 매우 중요한 문제지."

"리더십이나 교회 성장에 관하여 그럴듯한 충고를 많이 들어보았을걸세. 그러나 '간판 프로그램에 집중하라'는 전략은 아마 처음 듣지 않는가?"

"무슨 말씀인지는 알겠지만, 실제적인 예를 하나 들려주시겠습니까?" 내가 요청했다.

"그러지." 목사님이 대답했다. "지난주에 말했던 비전선언문을 기억하는가?"

"크리스천 유치원을 시작하는 그 비전 말씀이십니까?" 내가 물었다.

"맞아. 그 교회 목사님은 나와 가까운 친구야. 그 교회가 비전선언문을 만들었을 무렵, 교회 평균 예배 참석자 수는 54명 정도였지. 그 후 11년 동안 교회는 점진적으로 성장하여 평균 참석자수가 280명까지 늘어났다네. 이 세월 동안 목사님은 꾸준한 관찰 기록을 통해 새신자의 50%가 유치원을 통해 처음 교회를 접한다는 사실을 발견했지. 그가 세례를 준 사람 중 33%가 유치원을 통해 교회에 나왔어. 그 유치원은 교회 성장의 일등공신으로서 히트 사역이 된 거지."

"이것이 바로 프로그램형 모델인가요?"

"그렇다네! 중형 교회는 효과적으로 전도할 수 있는 한 두 가지의 핵심 사역을 개발함으로써 성장한다네."

"이해가 됩니다." 내가 말했다. "중형 교회가 프로그램 중심의 조직 원리를 가진 것과 일치하네요."

"그렇지." 목사님이 동의했다. "마찬가지로, 대형 교회에서 발견되는 선전형 모델은 대형 교회의 조직 원리와 상통한다네. 교회가 다양한 통로를 통해 복음을 전파하여 효과적으로 사람들에게 전도하고 그들을 교회로 인도했을 때 선전을 통한 성장이 일어나지. 이것이 바로 그리스도의 사역 기간 동안 일어난 일이네. 마가는 그리스도께서 이적을 행하신 후에, '그분에 대한 복음이 사방으로 퍼졌다'(마가복음 1:28)라고 기록하고 있어. '복음'으로 번역된 이 용어는 '보고report'나 '소문rumor'을 뜻하기도 하지. 오늘날에는 '입 소문word of mouth'이라고 하기도 해. 예수님의 사역은 전적으로 입 소문을 통해 전해졌다네. 누가 기록하길, 예수님이 죽은 자를 살리신 후 '그분에 대한 이 소식은 온 유다를 거쳐 사방으로 퍼졌다'(누가복음 7장17절)고 했지."

"대형 교회의 선전은 예수님에 대한 것인가요, 아니면 교회에 대한 것인가요?" 내가 물었다.

"둘 다 일세." 밥 목사님은 확고하게 대답했다. "모든 모델은 강대상에 서든, 공동체 안에서든, 일대일이든 일련의 선전과 관련되어 있네. 대형 교회는 풍부한 자원 덕분에 다양한 프로그램에 대해 광고를 낼 수 있고(이것은 또 다른 형태의 선전이지), 그리스도와 교회의 모든 사역에 대해 소문을 낼 수 있네. 입 소문을 통한 선전이 교회에 어떤 영향을 미치는지에 대한 전형적인 예가 데살로니가전서 1장 8절에 나오지.

바울이 데살로니가 교회에 대하여 말하기를, '주의 말씀이 너희에게로부터 마케도냐와 아가야에만 들릴 뿐 아니라 하나님을 향하는 너희 믿음의 소문이 각처에 퍼진고로'라고 했네. 사람들은 데살로니가 사람들이 어떻게 우상에게서 돌이켜 살아계시고 참되신 하나님을 섬기게 되었는지 말하고 다녔어. 입 소문을 통해 이야기를 퍼뜨린 거지. 이것은 바울이 '우리는 아무 말도 할 것이 없노라'고 고백할 만큼 효과적이었네."

"담임 목사의 탁월한 설교 능력에 힘입어 성장하는 대형 교회도 있지 않나요?" 내가 물었다.

"그런 경우가 있기도 하지." 목사님이 동의했다. "그러나 더 분석해보면 대형 교회의 성장이 목사보다는 성도들에게 달려있음을 깨닫게 된다네. 신상품 유포에 관한 연구에 의하면, 사람들은 사실정보만을 바탕으로 제품을 선택하지 않는다고 하네. 압도적으로 많은 사람들이 제품 사용 경험이 있는 평범한 사람들이 전하는 주관적인 판단을 의존한다더군. 신상품은 인간관계 네트워크가 작동되어 주관적이고 긍정적인 입 소문이 난 후라야 비로소 실제적으로 시판된다고 할 수 있네."

"저도 비슷한 경험이 있습니다." 내 경험을 나누었다. "아내와 제가 처음 이 마을에 이사 왔을 때 병원과 미장원을 비롯한 지역 정보를 얻기 위해 두루 묻고 다녔습니다. 저희는 대부분 사람들이 전하는 말을 근거로 결정을 내렸어요."

"우리는 다 그런 식으로 결정을 내리네." 목사님이 단언했다. "이와 같이 대형 교회도 성도들이 친구나 가족, 지인들에게 좋은 소문을 퍼뜨리면서 성장하지. 소문난 말은 '메아리 효과'를 일으켜 사방으로 전파되어 교회에 관심이 있는 사람들에게까지 전달되는 거야."

"모든 교회가 어느 정도는 다 입 소문에 의존하지 않습니까?"

"물론이지. 모든 크기의 교회가 지금까지 얘기했던 모델들을 어느 정도씩 다 사용한다네. 그러나 교회는 자신의 강점에 집중할 때 가장 잘 자라지. 자원이 풍부한 대형 교회는 선전을 통한 접근이 가장 효과적이야. 사역에 참여하는 사람들의 수를 생각해 보게. 입 소문의 파장 효과가 대단하지 않겠는가? 또 광고를 통해 선전할 수 있는 재정적 기반도 가지고 있지 않은가. 반면, 자원이 한정된 소형 교회에서 선전 효과를 기대하기는 어렵네. 소형 교회는 소형 교회의 강점 위에 세울 수 있는 매력형 모델에 집중할 때 가장 잘 자랄 수 있다네."

"그리고... 중형 교회는 새로운 전도 대상자들의 필요를 채울 수 있는 새로운 사역을 개발할 때 가장 잘 성장하고요."

"그렇지, 제대로 이해했군!"

정리하기

크기가 다른 교회들의 성장 양식을 공부한 이래로 많은 일들이 일어났다. 나는 성도들이 교회 밖으로 사랑의 손길을 뻗어 친구나 가족을 그리스도께 인도하도록 집중적으로 도왔다. 여러분의 교회에서는 어떤 성장 양식이 작동하고 있는가? 모든 교회는 어느 한 가지 모델을 선호하기는 하지만, 각 모델을 조금씩 다 보여주고 있다. 지금 여러분 교회에서 부분적으로 확인할 수 있는 각 모델의 모습들을 나열해 보라.

매력형 모델:

프로그램형 모델:

선전형 모델:

10장

무엇이 성장을 방해하는가?

What Are the Obstacles to Growth?
무엇이 성장을 방해하는가?

💬 밥 목사님과 나누었던 대화가 한 주 내내 머릿속에 남아 맴돌았다. 살아있는 모든 것은 자란다. 나무도 자라고 아이들도 자라고 믿음도 자란다. 성장은 성경적 개념이다. 마땅히 자라야 할 것이 자라지 않을 때 우리는 그 이유를 알고 싶어 한다. 우리 교회는 자라고 있지 않았다. 그 사실이 내 마음을 불편하게 했다.

그 주 나는 우리 교회에 방문하는 소수의 사람들이 왜 되돌아오지 않는지 곰곰이 생각해 보았다. 주일 아침 사택에서 교회로 걸어오다 보면 주차장이 한눈에 들어온다. 주차장에 낯선 차가 있으면 방문자가 왔다는 사실을 금방 안다. 우리 교회는 방문자들을 꽤 친근하게 대한다. 교회 안에 새 얼굴이 들어서면 성도들은 하던 일을 멈추고 다가가 말을 건다. 나는 매주 약 다섯 통의 환영의 편지를 발송하는데, 우리 교회가 소형이라는 점을 감안하면 괜찮은 숫자이다. 하지만 그들 중 대부분이 왜 다시 찾아오지 않는 것일까?

지난 두 달 동안 밥 목사님께 많은 것들을 배웠다. 다음번에는 우리 교회가 성장하지 않는 이유를 토론 주제로 꺼내볼 작정이다. 마음 같아서는 목사님과 며칠 동안 수련회라도 떠나서 이 문제를 놓고 충분히 나누고 싶다. 그러나 매주 한 번의 만남을 통해 배운 내용을 소화할 시간을 가질 수 있으니 아마도 이것이 최선의 방법일 것이다.

목사님이 도착했을 때는 후덥지근한 비가 내리고 있었다. 정확히 7시 30분이었다. 정겹게 인사를 주고받은 후 나는 한 번의 방문으로 끝나버리는 방문자들에 대한 고민을 털어놓았다.

"이제 다음 주제로 넘어갈 때가 된 것 같구먼." 목사님이 격려해 줬다.

"다음 주제가 무엇입니까?" 내가 물었다.

"장벽이네!"

"장벽이라니요?"

"그래," 목사님이 강조했다. "장벽 혹은 성장을 가로막는 장애물이지. 어느 교회나 사람들을 배척하는 장벽이나 장애물이 있네."

"교회가 사람을 배척하다니 그게 무슨 말씀이시죠?" 나는 신경이 곤두서서 물었다. "저희 교회는 누구에게나 열려 있습니다."

"자네는 당연히 그렇게 생각할걸세." 목사님이 대답했다. "거의 모든 성도들이 자기 교회가 친절하고 수용적이며 열려있다고 생각하지. 몇 년 전 몇몇 소형 교회에서 우리 교회의 성장 스토리를 나눌 기회가 있었네. 매번 나는 사람들에게 교회 자랑을 해보라고 요청했네. 어떤 교회를 막론하고 내가 들은 첫번째 대답은 '우리는 친근하다'는 것이었어. 재미있는 사실은 이들 중 어떤 교회도 성장하고 있지 않았다는 점이지."

"꼭 저희 교회 같습니다." 내가 인정했다.

"어떤 교회도 고의로 사람을 배척하지는 않아. 그러나 실제로, 성장을 가로막는 장애물이나 장벽이 수없이 많이 존재하지. 어떤 것들은 눈에 보이지 않지만, 조금만 주의를 기울이면 볼 수 있는 것들도 많아. 예를 들면, 어떤 방문자들에게는 교회 이름이 장벽이 될 수 있다네. 전에 다니다 상처받았던 교회와 비슷한 이름일 경우에 말이지.

다른 교회에 다시 정착하기 위해서는 예전의 상처를 상기시키는 보이지 않는 장벽부터 먼저 해결되어야 하네. 오래 된 교회에 흔히 있는 보이는 장애물로는 계단을 들 수 있네. 어떤 사람들에게는 긴 계단이 장애물이 되는 거지."

"어떤 장애물인지 알 것 같습니다. 저희 교회 친교실은 지하에 있는데 긴 계단을 통해서만 내려갈 수 있어요. 성도들 중에는 계단을 내려가기가 어려워서 친교실에 오지 않는 사람들도 있어요."

"맞아." 목사님이 동의했다. "자네 교회는 무의식적으로 계단을 내려오지 못하는 사람들을 배척하고 있는 것일세. 다행히 교회들이 이러한 물리적인 장벽들에 대해 점점 더 인식하고 있고, 장벽 제거를 위해 조치를 취하고 있다네."

"장애물들의 목록은 생각보다 훨씬 더 길고 복잡하네. 우리 둘이 교회 성장을 가로막는 장애물들을 꽤나 열거해 볼 수 있겠지만 시간이 많지 않은 관계로 내가 준 맥킨토시 카드를 보기로 하지. 각 크기의 교회들이 만나는 다섯 가지 장애물들이 보이는가?"

맥킨토시의 교회 크기 별 유형

구분	소형 교회	중형 교회	대형 교회
크기	15-200명의 예배자	201-400명의 예배자	401명 이상의 예배자
특성	관계 중심	프로그램 중심	조직체 중심
구조	싱글 셀	늘어난 셀	멀티플 셀
리더십	핵심가정	위원회	선출된 리더들
목사	사랑의 목자	행정가	리더
의사결정	역사를 바탕으로 회중에 의해	필요를 바탕으로 위원회에 의해	비전을 바탕으로 사역팀과 리더에 의해
사역팀	자비량/단독목사	소수의 사역자	다수의 사역자
변화	핵심 인물들을 통해 아래서 위로	핵심 위원회를 통해 중심에서 밖으로	핵심 리더들을 통해 위에서 아래로
성장 양식	관계를 통한 매력형 모델	핵심 사역을 통한 프로그램형 모델	입소문을 통한 선전형 모델
성장 장애물	낮은 자존감 비효과적인 전도 불충분한 프로그램 하강의 힘 내부 지향적인 교제	시설 부족 사역자 부족 재정 부족 열악한 행정 복잡성	정착의 어려움 관료주의 의사소통의 결여 비전 상실 돌봄의 한계

목사님은 교회 크기 별로 다섯 가지 장애물들을 가리켰다. "각 장애물을 요약하기 전에" 목사님이 주의를 주었다. "하나님께서 어떤 사람도 똑같이 창조하지 않으셨듯이, 어떤 교회도 똑같지 않다는 점을 기억해야 하

네. 하지만 교회들 사이에는 충분한 유사점이 있어서 교회 크기 별로 공통된 장애물과 성장 전략을 열거할 수 있다네. 이번 시간에는 장애물에 대해서만 다루고, 성장 전략에 대해서는 다음 시간에 얘기하도록 하지."

목사님의 주의를 마음에 새기고 이제 내가 배운 각 장애물을 간단하게 요약해 보겠다.

소형 교회의 장애물 1 – '작은 교회 이미지'

연구에 의하면, 성장하는 교회와 침체하는 교회의 근본적인 차이는 태도에 있다고 한다. 성장하는 교회는 스스로에 대하여 지역 사회에 공헌할 만한 귀한 것을 가졌다고 느낀다. 이러한 높은 자존감은 지역 사회 사람들에게 그리스도의 복음을 나눌 힘과 에너지의 원천이 된다. 불행히도 침체하는 교회는 스스로 너무 작아서 줄만한 것이 없다고 여긴다. 자연히 그들은 보호막 안으로 움츠러들고 그리스도의 사랑을 가지고 지역 사회에 스며드는데 실패한다.

'작은 교회 이미지'는 성도들의 사기를 꺾고 '우리는 결코 할 수 없어!' 혹은 '여기서는 결코 통하지 않는다!'라고 믿게 만든다. 사람들은 이럴 때 사기가 꺾인다.

- 리더들이 도달할 수 없는 목표를 세워 실패를 자초한다.
- 승리를 자축하지 않는다.
- 리더들이 성도들의 신뢰를 잃는다.

- 교회의 중요한 의사 결정이 조작된다.
- 약속이 지켜지지 않은 채 남아있다.

목사님이 '긍정적인 자존감의 10가지 표시'라고 적힌 카드를 줬다. 목사님은 우리 교회에 해당되는 번호 옆에 표시함으로써 교회의 자아상을 평가해 보도록 권했다. 체크표시가 7개 이상 나오면 교회가 건강한 자아상을 가졌음을 나타내며, 3개 이하는 자아상이 위험수위에 있음을 의미한다. 6개 이하는 주의가 요하여진다.

> **긍정적인 자존감의 10가지 표시**
> 1. 성도들이 교회에 대해 좋게 생각한다.
> 2. 성도들이 다른 사람들을 교회에 데려오고 싶어 한다.
> 3. 성도들이 교회 사역에 참여한다.
> 4. 성도들이 과거보다는 미래를 바라본다.
> 5. 성도들이 기꺼이 위험을 감수한다.
> 6. 성도들이 교회 시설을 보수/유지하는데 자부심을 느낀다.
> 7. 성도들이 교회를 특별하게 여긴다.
> 8. 성도들이 리더들에게 지속적인 격려를 받는다.
> 9. 성도들의 평가 기준이 높다.
> 10. 성도들이 미래를 향한 비전을 가지고 있다.

소형 교회의 장애물 2 - 비효과적인 전도

다는 아니지만 많은 소형 교회들이 전도에 어려움을 겪는다. 낮은 자존감 때문에 그리스도의 사랑을 가지고 잃어버린 영혼들에게 적극적으로 다가가기보다는 뒤로 물러선다. 결과적으로 소형 교회는 직계 가족이나 가족처럼 가까운 몇몇 사람들에게만 전도하거나, 전도의 일을 전적으로 목사에게 맡긴다. 전도에 대한 이러한 접근은 장기적으로 보았을 때 효과가 없다. 많은 교회들의 내부 지향성은 제자를 삼으라는 지상명령을 역행하는 일이라 말한다 해도 지나치지 않다.

소형 교회는 '큰 것이 더 좋다'는 사고방식의 희생양이 되어 스스로 전도 능력이 없다고 믿어 버린다. 실제로는 정반대이다. 소형 교회도 얼마든지 효과적으로 전도할 수 있다. 비그리스도인들에 대한 한 연구는 그들의 관심사가 '사람들은 친절한가?', '옷을 잘 차려 입지 않아도 괜찮은가?', '나와 비슷한 사람, 나를 좋아하는 사람을 만날 수 있는가?', '죄책감, 실망감, 지루함, 소외감을 느끼지는 않을까?'와 같은 관계적인 문제에 놓여있음을 보여준다. 소형 교회의 관계 중심적 조직 원리는 비그리스도인들에게 회심을 위한 최적의 장소를 제공해 줄 수 있다. 그러나 먼저 전도에 초점을 맞추어야 하겠다. 비효과적인 전도의 장벽을 극복하기 위해 소형 교회는 사명감, 긴박감, 열린 교제를 강화해야 한다.

소형 교회의 장애물 3 – 불충분한 프로그램

소형 교회의 목사들은 프로그램의 결핍으로 사람을 잃어 본 경험들이 다 있을 것이다. 십대 자녀를 둔 부모들은 활발한 중고등부 프로그램이 있는 대형 교회를 찾아 떠난다. 음악을 하는 사람들은 다양한 음악을 제공하는 교회에 참여하기 위해 떠난다. 아이디어가 넘치는 사람들은 자신들의 새로운 방법을 실행해 볼 수 있는 교회를 찾아 떠난다.

소형 교회가 불충분한 프로그램을 갖게 된 원인 중 하나는 축소증후군 때문이다. 한정된 자원은 소형 교회로 하여금 효율성과 경제성에 우선순위를 두게 만든다. 최선책을 찾는 리더들은 교회 재정을 절약하기 위하여 교역자, 프로그램, 유지/보수, 전도에 필요한 예산을 삭감한다. 안타깝게도, 돈을 아끼기 위한 예산 삭감이 오히려 새로운 사람들에게 다가가고 그들이 교회에 뿌리내리게 될 가능성을 줄어들게 한다. 결과적으로 소형 교회는 더 작아지거나 정체에 빠진다.

소형 교회의 장애물 4 – 하강의 힘

물이 가득 찬 세면대에서 마개를 뽑았던 때를 기억해보면 이번 장애물을 이해하기가 쉬울 것이다. 물이 빨려 내려가기 시작하면, 모든 것이 함께 내려간다. 많은 소형 교회의 경우가 정확히 이와 같다. 한때 컸다가 작아진 소형 교회는 더욱 그렇다. 교회가 일단 한번 축소되어 안으로 움츠려 들고 사역을 줄이기 시작하면, 생존 말고 다른 것에 집중하기가 거의 불가능해진다. 이 때문에 많은 소형 교회의 첫번째 우선순위가 생존이 되는 것이다. 소형 교회는 자신의 재능을 보호하기 위해 땅에 묻는다. 밑으로 잡아당기는 하강의 힘에 휩쓸린 채, 왜 하나님께서 더 큰 축복으로 채워주시지 않는지를 이상하게 여긴다. 하나님께서 이미 풍성하게 복을 주셨다는 사실을 잊어버린 것이다. 그들은 먼저 받은 달란트를 저장하기보다는 투자해야 한다.

소형 교회의 장애물 5 - 내부 지향적인 친교

이 장애물은 소형 교회가 직면한 가장 근본적인 문제인지도 모르겠다. 일반적으로, 교회 성장 주기의 첫 7~10년 동안은 새로운 사람들에게 다가가고, 그들을 교회로 인도하여 정착시키는 일에 매우 성공적이다. 하지만 교회가 작은 상태로 오래 남아있을수록 그 친교 구조는 더욱 내부 지향적으로 굳어진다. 소그룹, 성경공부반, 서클 등의 일반적인 친교 구조는 이미 만원이 되어 더 이상 외부인을 받아들일 수 없다. 성도들의 평균 연령이 높은 교회는 이러한 내부 지향적 성향이 더욱 강할 수 있다. 사람들은 대개 젊은 시절 동안 사람 사귀는 기술을 기른다. 학교에 가고, 새로운 동네로 이주하고, 첫 직업을 갖고, 새로운 기관에 소속하고, 자녀를 스포츠 경기에 참여시키는 일들을 통해 사람 사귀는 법을 개발하고 사용한다. 그러나 여러 해 동안 한 직업에 머무르고, 같은 집에 거주하고, 편한 교회에 정착하면서, 점차적으로 새로운 사람을 사귀는데 뒷걸음친다. 결과적으로 교회가 오래될수록, 성도들의 평균 연령이 높을수록, 그 교회는 내부 지향적일 확률이 더 높다.

이러한 설명은 우리 교회를 이해하는데 도움이 되었다. 방문자들이 오가지만, 우리 교회의 친교 구조 안으로 흡수될 만큼 오래 머무는 사람은 거의 없다. 흥건히 젖어서 더 이상 물을 흡수할 수 없는 스폰지를 연상해보면 우리 교회가 어떤 상태인지 쉽게 알 수 있을 것이다.

밥 목사님은 교회의 내부 지향성을 확인해 볼 수 있는 세 가지 척도가 있다고 말했다.

1. 성도의 50% 이상이 교회에 출석한지 12년 이상 되었다.
2. 운영위원회 임원의 33%이상이 교회의 중심이 되는 가정들과 관련이 있다.
3. 성도의 10%이하가 작년에 새로 왔다.

세 가지 경우에 모두 해당되는 교회는 내부 지향성이 너무 심해서 새로운 사람들을 끌어당기고 정착시키는데 어려움이 클 것이다.

소형 교회의 성장을 방해하는 장애물들을 배움으로써, 나는 훨씬 더 나은 관점에서 우리 교회를 바라보게 되었다. 문제가 어디에 있는지 아는 이상, 이 장애물들을 제거하는 전략을 세우기도 훨씬 쉬워질 것이다.

밥 목사님은 계속해서 중형 교회의 성장 장애물에 대하여 설명했다. 이번에도 목사님의 설명을 요약해 보겠다.

중형 교회의 장애물 1 - 시설 부족

모든 크기의 교회가 다 시설 부족으로 어려움을 겪어보았을 것이다. 하지만 이것은 중형 교회에 가장 두드러진 장애물이며, 특히 최근 갑작스러운 성장을 이룬 교회라면 더욱 그렇다. 밥 목사님이 전에도 말했듯이, 어떤 중형 교회는 소형에서 대형으로 자라는 과도기에 있다. 중형으로 자란 교회를 이전의 작은 시설에 맞추려는 노력은 모든 사역에 걸쳐서 심한 압박을 준다. 답은 분명하지만, 대개 중형 교회들은 그 동안의 성장으로 인해 이미 예산이 빠듯해져서 기존의 시설을 개조하거나 새로운 시설을 확장하는데 어려움을 겪는다.

중형 교회의 장애물 2 - 사역자 부족

오늘날 회중은 다양하고 질 높은 사역을 기대한다. 다양한 분야에 걸친 전문화된 프로그램과 예배, 소그룹을 원하는 회중의 바램 덕분에 교회는 대체로 사역자 부족 현상을 경험한다. 근본적으로, 중형 교회는 세 가지 선택사항이 있다. 지속적인 성장을 위해 충분한 수의 사역자를 충당하거나, 현상 유지가 가능할 만큼만 늘리거나, 또는 사역자 추가 고용 없이 축소를 직면하는 것이다. 사역자를 늘려야 하지만 예산이 부족하다는 것이 중형 교회의 불균형성을 보여주는 또 다른 예이다.

이 문제를 해결하기 위해, 중형 교회 목사들은 성도들의 자원 봉사를 동원/모집하는 일에 심혈을 기울여야 한다. 1950년대에는 상당한 수의 자원 봉사자들이(그들 중 대다수가 여성이었다.) 교회와 같은 봉사 기관에서 일했다. 하지만 지난 반세기 동안 점점 더 많은 여성들이 직업 전선에 뛰어들면서, 교회 사역에 참여하는 자원 봉사자의 수가 줄어들었다. 종일 근무하는 사람들은 한 주에 3-8시간 정도 밖에 교회 활동에 참여할 수 없다. 그 중 서너 시간을 주일에 쓴다고 치면, 주중 봉사활동 참여 시간은 많지 않다. 모든 교회에서 그렇지만, 특히 중형 교회에서는 자원 봉사자의 신중한 활용이 지속적인 성장을 위한 결정적인 요인이다. 평신도 자원 봉사자의 동원은 어느 교회나 꼭 필요한 사역이지만, 중형 교회에 있어서만큼은 그 중요성이 절정에 이른다. 많은 중형 교회들은 잘해 봐야 현상유지를 할 수 있을 정도의 사역자만 채용할 수 있는 실정이다. 지속적인 성장을 위해서는 평신도들이 사역에 참여할 수 있는 길을 찾아야 한다. 다음은 평신도 사역자를 양성하는 방법이다.

- 평신도의 가치를 깨닫는다.
- 평신도의 은사와 재능, 기술을 확인할 수 있는 효과적인 방법을 개발한다.
- 평신도가 적절한 위치에서 섬길 수 있도록 배치한다.
- 봉사 전반에 걸쳐 평신도를 지도한다.
- 평신도의 봉사를 감독할 수 있는 리더십 팀을 구성한다.

중형 교회의 장애물 3 - 재정 부족

모든 교회가 이 장애물을 만난다. '돈이 조금만 더 있다면 할 수 있을 텐데…'라는 말은 어떤 크기의 교회에서든 흔히 들리는 말이다. 그러나 모금 운동과 교회 재정의 전문적 관리에 대한 필요는 중형 교회에 있어서 특히 중요하다. 시설 확장, 사역자의 추가 채용, 프로그램 확장, 자원에 대한 필요에 있어서 중형 교회보다 더 절실한 교회는 없다.

중형 교회의 장애물 4 - 열악한 행정

소형 교회의 운영은 복잡할 필요가 없다. 그러나 교회가 중형 단계로 자라면 목사와 사역자 그리고 리더들은 복잡해진 교회의 기능적 필요들을 효과적으로 다뤄야 한다. 이 크기의 교회들이 부딪치는 전형적인 운영상의 문제들을 몇 가지 언급하자면 다음과 같다.

- '수단'과 '목적'을 혼동
- 계획성 결핍
- 비효과적인 시간 사용
- 열악한 자원 봉사
- 열악한 예산 관리

중형 교회의 장애물 5 – 복잡성

복잡해진 환경은 중형 교회가 몇 년 후 소형으로 되돌아가는 원인 중 하나다. 오래된 성도들은 소형 시절의 "단순했던" 분위기를 그리워한다. 교회가 복잡해진 이래로 담임 목사를 만나고 싶은 성도는 미리 약속을 잡아야 하고, 식사 교제를 위해 방을 예약해야 하며, 다음해 예산을 책정해야 하는 등 달갑지 않은 일을 겪는다. 성도들은 간단한 구조를 선호하여 할 수만 있다면 교회를 예전 상태로 되돌리려 한다.

몇 해 동안 성장을 경험한 중형 교회는 다음 단계로 나아가기 위하여 필요한 조정을 취해야 한다. 그렇지 않을 경우, 교회는 정체에 빠지게 된다. 정체된 중형 교회는 프로그램, 교역자, 예산 축소를 통해 복잡성을 해결하려는 압박을 받기 때문에 늘 축소의 위험에 처해있다.

대형 교회도 장애물을 만난다. 대형 교회의 사역을 약화시키는 주요 장애물들은 대개 다음 다섯 가지로 요약될 수 있다.

대형 교회의 장애물 1 - 정착의 어려움

대형 교회는 매주 열리는 다양한 행사와 활동을 통해 방문자들을 끌어당기기는 매우 쉽다. 대형 교회가 풀어야 할 과제는 더 많은 사람들을 끌어당기는 것이 아니라 새로 온 사람들이 교회에 정착하도록 돕는 것이다. 일반적으로 작은 교회는 비공식적인 교제를 통해 새로 온 사람들의 정착을 효과적으로 돕는다. 그러나 교회가 커질수록 방문자를 환영하고, 후속 조치를 취하고, 교회 활동에 참여하도록 돕는 일에 있어서 더욱 조직적으로 움직일 필요가 있다. 미적지근한 태도로는 방문자의 정착을 기대하기 어렵다. 대형 교회가 새로 온 사람들의 정착을 진정으로 도우려면, 그들이 교회 활동에 참여할 수 있도록 분명한 절차를 만들어 알리는 적극성이 요구된다.

대형 교회의 장애물 2 - 관료주의

소형에서 중형을 거쳐 대형으로 성장한 교회는 그 기능이 마비될 가능성이 있다. 소형 교회 시절 사용했던 조직의 구조와 절차는 대형 교회로 자라면서 기능을 잃어버린다. 밥 목사님은 자신이 아는 최악의 경우로 61개의 부서가 있던 켄터키 주의 한 교회에 대하여 얘기했다. 교회가 중형일 때는 부서 시스템이 잘 돌아갔다. 그러나 교회가 커진 후에 각 부서의 주요 업무는 다른 부서와의 충돌을 피하는 일로 전락했다. 각 부서는 존재 명분을 증명하는데 대부분의 시간을 보냈다. 새로 부임한 목사님은 리더들이 부서 시스템의 비효율성을 볼 수 있도록 도왔다. 그 후 9년 동안 교회는 새로운 시스템을 정착시켰다. 오늘날 2,200명이 모이는 이 교회에는 예배, 사역, 선교의 세 부서만 존재한다. 대형 교회가 지속적으로 성장하기 위해서는 구조를 단순화시켜야 한다. 단순한 구조 안에서 운영위원들은 매일의 결정을 내리는 사역자와 각양 은사로 봉사하는 평신도를 격려하는 응원 단장으로 기능해야 한다.

대형 교회의 장애물 3 - 의사소통의 결여

소형 교회에서 의사소통은 비공식적인 개인 정보망을 통해 이루어진다. 대다수의 소형 교회에서 이러한 방법의 의사소통은 상당히 효과적이다. 성도들과의 의사소통에 있어서 상당히 정확하고 빠른 매개체가 되어 준다. 그러나 누구나 추측할 수 있듯이, 교회가 커지면 이러한 비공식적 의사소통 시스템은 그 효과가 떨어진다. 회중이 멀리 떨어져 살거나 지리적 분포도가 넓을수록, 개인 정보망의 속도와 정확성은 현격하게 떨어진다. 대형 교회가 효과적으로 의사소통을 하기 위해서는 '반복성'과 '다양한 통로'라는 두 가지 원칙을 따라야 한다. 일반적으로 대형 교회는 중요한 메시지를 전달하기 위해 최소 다섯 가지 통로를 활용해야 한다. 중보기도팀, 교회 신문, 주일예배 광고, 개인 편지, 전화 등이 그 예가 될 수 있겠다. 이러한 통로들을 통해 계속해서, 반복적으로 메시지를 전달해야 한다.

대형 교회의 장애물 4 - 비전 상실

건강한 교회, 성장하는 교회는 도전적인 꿈과 함께 시작된다. 그러나 많은 대형 교회들이 최고치의 참석률에 도달할 무렵, 성장과 활력의 주역이었던 꿈은 거의 다 실현된다. 비전에 대한 감각을 상실한 대형 교회는 현상유지 사고방식에 빠진다. 점차 거대한 양의 물리적 에너지와 재정적 자원이 교회의 제도적 측면을 유지하는데 사용된다. 여기서 파생된 안일한 태도와 자기 만족감은 결국 제자 삼기라는 교회 본연의 사명을 가로막는다. 해답은 무엇일까? 대형 교회는 미래를 향한 새로운 꿈을 꿔야 한다. 그리고 그 꿈을 회중에게 전달해야 한다.

대형 교회의 장애물 5 – 돌봄의 한계

대형 교회가 간과하고 있는 사실 한 가지는 대형 교회에는 이미 제대로 돌볼 수 있는 수 이상의 사람들이 있다는 것이다. 성도를 돌아보는 일을 전적으로 사역자에게만 맡긴다면 결국 성도들의 만족감만 낮아지게 될 뿐이다. 이러한 장애물을 극복하기 위해서 대형 교회는 성도들이 개인적 차원에서 보살핌을 받을 수 있도록 중소형의 건강한 하부조직을 활성화시켜야 한다.

돌봄이 제대로 이루어지려면 어른 성도 100명마다 20~60명 규모의 중간 크기의 모임이 3개 정도 필요하다. 중간 크기의 모임은 성도들에게 서로를 알 수 있는 장이 되어준다. 연구에 의하면, 교회의 크기와 상관없이 보통 성도들은 약 60명의 이름을 알고 지낸다고 한다. 이 사실을 미루어 보았을 때, 개인 간의 친분은 교회의 크기보다는 개인이 속한 모임의 크기와 상관있음을 알 수 있다.

대형 교회가 돌봄의 수준을 극대화하기 위해서는 어른 성도 100명을 기준으로, 3~20명 규모의 소모임 6~7개가 필요하다. 개인적인 친밀한 돌봄은 사실상 소모임을 통해 이루어진다. 성도 간에 건강한 관계를 유지하고픈 대형 교회는 '커지기 위해서 작아져야 한다'는 사실을 깊이 새겨야 한다.

집으로 돌아오는 길에 교회가 만나게 되는 여러 장애물들을 생각하니 머리가 지근지근 아팠다. 그래도 대형, 중형, 소형 교회의 장애물들이 각각 달라서 한꺼번에 모두 다루지 않아도 되니 그나마 다행이다. 목사님의 마지막 말씀이 강한 여운으로 남았다.

어떤 크기의 교회든
단계별로 밟는 발걸음이 교회의 미래를 결정한다.

교회의 미래는 앞으로 어떤 전략을 개발하고 시행하느냐에 달려있다는 말이리라. 성장 전략에 대해 논하기로 한 다음 만남이 벌써부터 기다려졌다.

정리하기

목사님이 흥미로운 질문을 하나 던졌다. "어디에서 우는 소리가 나는가?" 목사님은 '우는 아이 젖 준다'는 속담을 언급했다. 어떤 장애물들은 실제로 '울음소리'를 내어 자기 존재를 알린다는 의미였다. 소형, 중형, 대형 교회에서 발견되는 다양한 장애물에 대한 분석을 바탕으로, 여러분의 교회에서는 무엇이 가장 큰 울음소리를 내고 있는가?

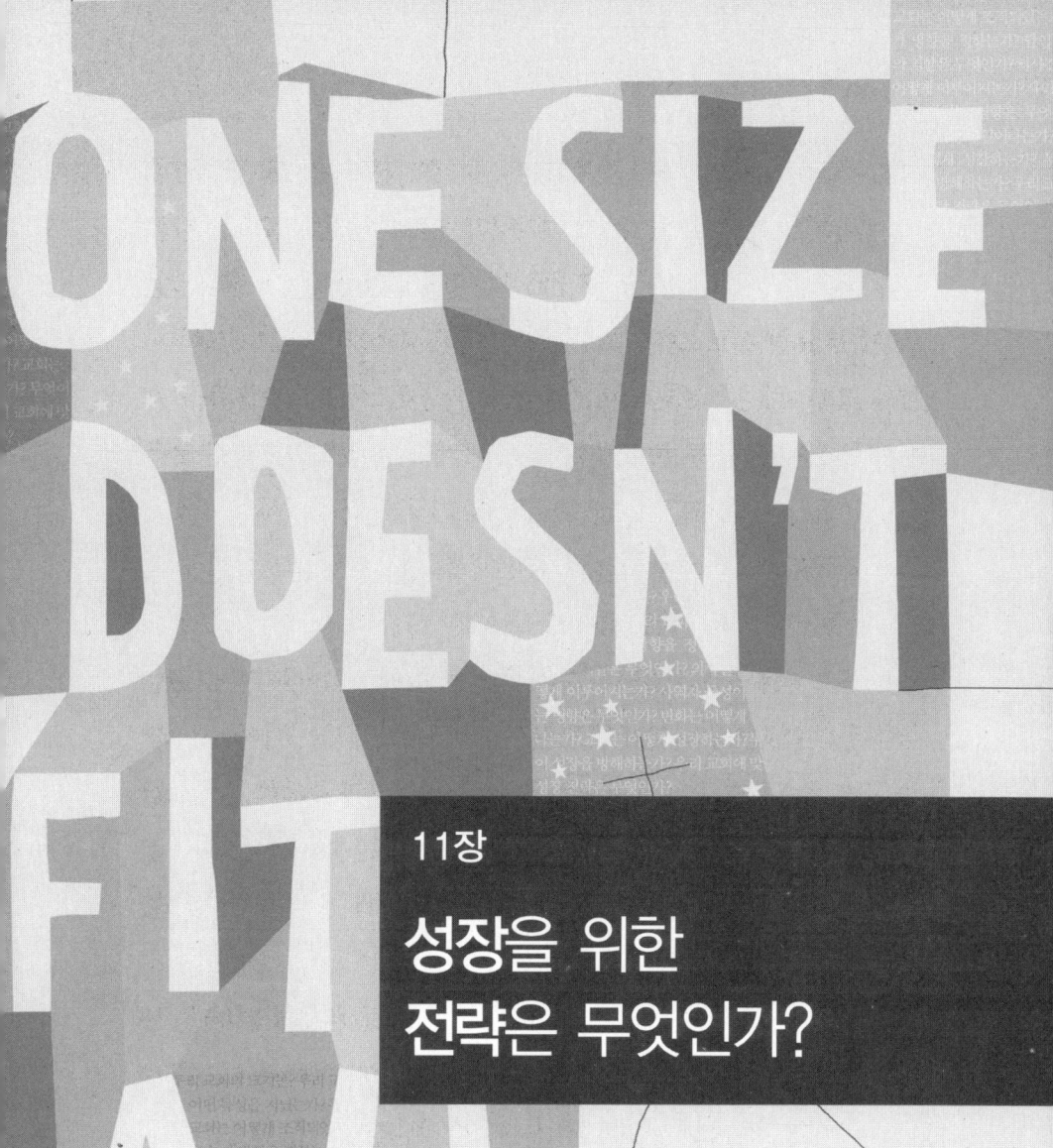

11장

성장을 위한 전략은 무엇인가?

What Are the Strategies for growth?
성 장 을 위 한 전 략 은 무 엇 인 가 ?

밥 목사님과 헤어진 후 사무실에 앉아 있던 나는 내 인생이 전환점을 지나왔다는 사실을 깨달았다. 아직도 배울 점이 많이 남아있지만, 밥 목사님께 처음 구조 요청을 한 이래로 먼 길을 왔다.

한 주 내내 목사님의 마지막 말씀이 머릿속에 남아 메아리 쳤다. "어떤 크기의 교회든 단계별로 밟는 발걸음이 교회의 미래를 결정한다."

목사님과의 모든 만남과 토론, 깨달음의 순간들 뒤에는 오직 한 가지 질문만 남았다. '이제 내가 할 일은 무엇인가?'

지금까지는 소형, 중형, 대형 교회의 기본적인 특성들에 대하여 배웠다. 이제는 드디어 전략, 계획, 목표에 대해 생각할 차례다. 우리 교회가 건강한 방식으로 미래를 직면하기 위하여 나는 어떤 단계들을 밟아야 하는가?

과거에 나는 불을 끄느라 많은 시간을 허비했다. 하지만 이제는 성장을 위한 효과적인 전략을 개발함으로써 앞으로 발생할지 모르는 화재도 미리 예방할 수 있으리라. 이제는 운영 당하기보다는 내가 운영을 해야 할 때이다. 이끌림을 당하기보다는 이끌어야 할 때이다. 사실 나는 실패보다는 성장 가능성에 더욱 놀랐다. 성장 전략이 성공했을 때의 모습을 상상하기만 해도 마음이 즐겁다.

밥 목사님은 개념 설명을 위해 표와 그림을 가장 많이 사용했지만 예화도 좋아했다. 오늘 만남에서 목사님은 예화로 말씀을 시작했다.

"나는 네브래스카 주에 있는 할아버지의 농장에서 여름을 보내곤 했네. 할아버지는 나에게 여러 가지 농사일을 전수해 주시려고 애를 쓰셨지만, 나는 어쩔 수 없는 도시 소년이었지. 하지만 할아버지께서 땅을 갈고, 거름을 주고 씨를 뿌리고 잡초를 뽑고 살충제를 뿌리고 물을 주고 추수하는 모습을 지켜보는 일은 아주 즐거웠네." 목사님은 나를 똑바로 쳐다보며 말했다. "모든 일을 마친 후에 할아버지는 언제나 그 공을 하나님께 돌렸네. 사실 스스로 곡식을 키웠다고 주장하는 농부는 본 적이 없다네. 농부들은 추수 때 하나님께 혹은 대자연에 감사를 표현하지."

"그렇습니다." 내가 말했다. "그런데 무엇을 말씀하시고자 하는 것이죠?"

"내 논지는 이거라네."

> 우리는 성장을 일으킬 수 없다.
> 다만 성장이 일어날 수 있는 환경을 조성할 수 있을 뿐이다.

"곡식을 자라게 하든, 교회를 자라게 하든 궁극적으로는 오직 하나님만 할 수 있는 일이야. 우리의 책임은 밭을 갈고 씨를 뿌리고 물을 주고 거름을 주고 잡초를 뽑고 살충제를 뿌리는 일이 되겠지."

"바로 사도 바울이 고린도전서 3장 6절에서 했던 말 아닙니까?" 내가 물었다.

"그렇다네." 목사님은 서류가방에서 성경을 꺼내 본문을 펼치며 동의했다. "바울은 '나는 심었고, 아볼로는 물을 주었으되 오직 하나님은 자라나게 하셨나니'라고 말했지."

"그 말씀은 예수님께서 제자들에게 '추수할 것은 많으나 추수할 일꾼이 없다'고 하신 말씀과 일맥상통하지 않습니까?"

"좋은 통찰일세!" 목사님이 격려했다. "하나님께서 열매맺게 하셨기 때문에 추수할 것은 많아. 하지만, 하나님은 추수 밭에서 일할 일꾼을 필요로 하시지. 일꾼은 씨 뿌리고 물을 주며 하나님께서 준비하신 것을 수확해야 하네. 힘든 일이지만 영원한 만족이 있지."

"그래서 우리는 더 열심히 일해야 한다, 그것이 성장 공식인가요?" 내가 물었다.

"아니라네." 목사님은 동의하지 않았다. "옛말 그른 것이 하나도 없다고, 우리는 더 '열심히'라기보다는 더 '지혜롭게' 일해야 하네. 맥킨토시 카드에서 다음 줄을 보게나."

맥킨토시의 교회 크기 별 유형

구분	소형 교회	중형 교회	대형 교회
크기	15-200명의 예배자	201-400명의 예배자	401명 이상의 예배자
특성	관계 중심	프로그램 중심	조직체 중심
구조	싱글 셀	늘어난 셀	멀티플 셀
리더십	핵심가정	위원회	선출된 리더들
목사	사랑의 목자	행정가	리더
의사결정	역사를 바탕으로 회중에 의해	필요를 바탕으로 위원회에 의해	비전을 바탕으로 사역팀과 리더에 의해
사역팀	자비량/단독목사	소수의 사역자	다수의 사역자
변화	핵심 인물들을 통해 아래서 위로	핵심 위원회를 통해 중심에서 밖으로	핵심 리더들을 통해 위에서 아래로
성장 양식	관계를 통한 매력형 모델	핵심 사역을 통한 프로그램형 모델	입소문을 통한 선전형 모델
성장 장애물	낮은 자존감 비효과적인 전도 불충분한 프로그램 하강의 힘 내부 지향적인 교제	시설 부족 사역자 부족 재정 부족 열악한 행정 복잡성	정착의 어려움 관료주의 의사소통의 결여 비전 상실 돌봄의 한계
성장 전략	목적 의식의 회복 새로운 사역시작 평신도 전도 목표달성 자축 새 그룹/모임 시작 새로운 사람들의 참여	정체성 개발 사역자 수 늘리기 훈련 시설의 반복적 사용 예배 횟수 늘리기 장기 계획 세우기 사역의 질 높이기	새로운 비전 정착계획세우기 절차의 간소화 필요 중심의 사역 리더십 역할 조정 소그룹 수 늘리기

"더 지혜롭게 일한다는 것은 어떤 면에서 닥치는 대로 일하기보다는 기본적인 계획을 가지고 일한다는 의미라네. 물론 모든 교회는 독특한 접근방식을 요구하는 자기만의 특정한 장애물과 기회를 가지고 있네. 그러나 각 크기의 교회에 공통적으로 도움이 되는 일반적인 전략들이 있지."

아침 식사를 하면서 목사님과 나는 교회 크기 별로 여섯 가지 성장 전략에 대해 이야기했다. 소형 교회에 대한 목사님의 말씀은 다음과 같다.

소형 교회의 성장 전략 1 – 목적의식을 새롭게 하라

이것을 위하여 먼저 회중의 관심의 초점이 예수 그리스도께, 특히 그 분의 십자가의 죽음에 맞춰져야 한다. '그리스도는 십자가에서 무엇을 하셨나?', '무엇이 그리스도를 갈보리로 몰아냈나?', '그리스도의 목적은 무엇이었나?'와 같은 질문들에 대답해 봄으로써 사람들은 예수님이 잃어버린 자를 찾아 구원하러 오셨다는 사실을 되새기게 된다. 예수님께서 그 목적을 교회에 물려주셨다는 사실을 회중들로 하여금 깨닫게 하는 것이 목적의식을 새롭게 하는 첫번째 단계이다. 다음 단계는 참신한 언어로 새 사명선언문을 작성하여 설교와 소그룹 모임, 부서 모임, 일대일 가르침을 통해 그 목적을 회중의 마음과 정신에 새기는 것이다.

새로워진 목적의식에 초점을 맞추면 외부를 향한 건강한 관점이 회복된다. 이것은 소형 교회에 희망을 가져다주며 방향성을 가지고 회중에게 동기를 부여한다. 회중은 양육과 배타적인 교제를 뛰어 넘어 선교와 사역에 주목하게 될 것이다.

소형 교회의 성장 전략 2 - 새로운 사역을 시작하라

새로운 사람을 받을 수 없을 만큼 포화상태인 프로그램과 사역은 소형 교회의 내부 지향적인 교제를 더욱 부추긴다. 사람들은 대개 새로운 프로그램이 주는 유리한 입지를 알고 선호하기 때문에, 새로운 사람들을 모으는데 있어서 새로운 사역의 시작은 필수적이다.

소형 교회에서 새 사역을 시작한다는 것이 처음엔 엄두가 안 나겠지만, 그렇게 어려워할 필요는 없다. "천천히 그리고 꾸준히"를 표어로 삼고 따르면 된다. 소형 교회가 새로운 사람들을 향해 문을 열기 위해서는 매년 하나의 새 사역을 추가할 필요가 있다.

행사Events, 경험Experiences, 교육Education이라는 일명 세가지 E를 중심으로 새 사역을 개발하는 것이 좋다. 예를 들어, '빈 둥지 증후군'을 겪고 있는 사람들을 위한 세미나를 개최할 수 있다. 이혼 극복 워크숍을 통해 이혼 후에 정신적 충격을 경험하는 사람들을 도울 수 있다. 물론 교육에 초점을 둔 몇 개의 사역들을 한꺼번에 시작할 수도 있다. 소형 교회가 생각해 보아야 할 중요한 질문은 이렇다. '이 지역 사회에 우리가 새 사역을 시작함으로써 채울 수 있는 절실한 필요들이 있는가?' 밥 목사님이 지적했다.

> 사람들의 절실한 필요felt needs를 채워주지 못하면,
> 그들의 진정한 필요real needs도 채워줄 수 없다.

따라서 소형 교회는 지역 사회의 특정한 필요를 다루는 새 사역을 시작함으로써 새로운 사람들에게 다가갈 수 있다.

사역을 늘리는데 있어서 절대적으로 중요한 요인은 예배 횟수를 늘리는 일이다. 소형 교회는 첫째로 예배 횟수를 늘림으로써 싱글 셀을 탈피하여 멀티플 셀로 나아갈 수 있다. 예배 횟수가 두 번 이상으로 늘어나면 다음과 같은 면에서 소형 교회의 성장을 돕는다.

- 선택의 여지가 있다.
- 공간을 확장한다.
- 믿음을 고양시킨다.
- 사역을 확장한다.
- 새로운 사람들에게 다가간다.

소형 교회의 성장 전략 3 – 평신도 전도 훈련

소형 교회는 담임 목사의 개인적 노력 없이 효과적으로 전도에 참여하기 어렵다. 따라서 소형 교회 목사는 전도의 기회에 깨어 있어야 한다. 그리스도를 영접하는데 마음의 문이 가장 쉽게 열릴 수 있는 다음과 같은 시기들에 집중하면 좋을 것이다.

- 가족의 죽음
- 개인이나 가족의 병환
- 목회 상담을 필요로 할 때

- 아이가 주일 학교에 갈 나이가 되었을 때
- 결혼식

그러나 전도에 있어서 가장 중요한 역동성을 제공하는 요인은, 특히 관계적인 소형 교회에서, 평신도의 참여이다. 소형 교회의 성장은 직접적으로 기존의 성도들이 새로 온 사람들을 가족으로 수용하는지 여부에 달려있기 때문에 평신도의 적극적인 전도 참여는 결정적인 요인이 아닐 수 없다.

소형 교회에서 종종 실패하는 전도 방식은 전도훈련 프로그램이다. 밥 목사님은 교회가 작았을 때 전도훈련을 시도했던 이야기를 했다. 목사님은 주일예배 광고시간을 통해 화요일 저녁부터 전도훈련반이 시작될 것임을 분명히 전했다. 그 시간이 되었을 때 참석한 사람은 겨우 세 명이었다. 목사님, 집사님 한 분 그리고 사모님. 밥 목사님은 장난스런 말투로 말했다. "아내는 격려차 왔던 것이지."

목사님은 설명하길, 더 나은 접근은 먼저 전도에 관심이 있는 한 두 명의 핵심 인물을 찾는 것이라고 했다. 두 번째로 예수님께서 제자들에게 하셨듯이 소모임 안에서 그들을 훈련한다. 세 번째, 설교와 교육 사역을 통해 회중의 전도 의식을 높인다. 네 번째, 한 두 개의 기존 사역을 개편하여 좀 더 외부적인 초점을 갖게 한다. 목사님 교회는 11월에 있는 추수감사절 식사 교제를 개편하여 외부 사람들을 겨냥한 행사로 바꾸었다고 했다. 다섯 번째, 성도들이 믿지 않는 친구나 가족의 목록을 만들고 그 사람들을 위해 일 년 동안 기도하도록 도전한다. 여섯 번째, 전도에만 초점을 둔 모임이나 반을 만든다. 일곱 번째, 성도들이 한 해 동안 기도해 온 사람들을 데려오도록 일 년에 두세 차례 전도 행사를 연다.

소형 교회의 성장 전략 4 – 승리를 자축하라.

소형 교회에서도 좋은 일이 생기기 마련이다. 불행히도 대부분의 소형 교회들은 낮은 자존감으로 인해 강점보다는 약점에 주목한다. 소형 교회의 자존감을 높일 수 있는 한 가지 방법은 교회의 긍정적인 면에 관심을 모으는 것이다.

밥 목사님은 이 일을 멋지게 해 낸 어느 교회 이야기를 들려줬다. 성도가 35명인 한 작은 교회가 자갈밭이던 주차장을 포장하기로 결정했다. 성도들은 필요한 재정을 마련하기 위하여 3년 동안 함께 노력했다. 자동차 세차, 깡통 수거, 그리고 창조적인 모금 활동을 통해 재정적 목표가 달성되었고 주차장을 포장할 수 있었다. 이같이 작은 교회로서는 누가 뭐라해도 의미있는 승리였다. 교회는 이 승리를 축하하기 위해 새 주차장에서 파티를 열었다. 어느 토요일 날 교회 주차장에 성도들, 친구들, 가족들이 모두 모인 가운데 바비큐 파티가 열린 것이다. 그날 모든 사람들은 주님의 신실하심에 대한 감사와 헌신의 기도를 드렸다. 그 후 교회의 자존감은 놀랍게 향상되었다.

적용점은 명백하다. 교회의 긍정적인 면을 찾아 축하하라. 사역 결과를 발표하라. 약점보다는 강점에 대하여 말하라. 모든 승리에 대하여 하나님께 영광을 돌리라. 이를 통해 우리는 주님이 교회에서 행하시는 일들을 인식하게 될 뿐만 아니라 교회의 우선순위들을 강화할 수 있다.

소형 교회의 성장 전략 5 – 새로운 모임, 새로운 반을 시작하라.

대다수는 아니어도 많은 소형 교회들이 등록교인과 교제권이라는 두 개의 테두리를 갖고 있다. 대개 새로 온 사람들은 첫번째 테두리 안에 들어갈 때는 환영을 받지만, 두 번째 테두리 안에 들어가려고 할 때는 어려움을 겪는다. 이들은 중심 교제권에 수용되기 위해서는 수년이 걸린다는 사실을 깨닫게 된다. 좌절감을 느낀 사람들은 교제권의 문이 열리기도 전에 거의 다 떠나고 만다.

이러한 장애물을 성장의 기회로 바꾸기 위해서 소형 교회가 진지하게 생각해 보아야 할 점이 여기에 있다.

새로운 모임은 새로운 성장을 불러온다.

새로운 모임과 반을 시작함으로써 싱글 셀 교회는 멀티플 셀 교회로 전환을 시작할 수 있다. 새로 온 사람들의 입장에서는 수 년 동안 함께 해온 사람들 사이를 비집고 들어가려고 하기 보다는 새로운 반이나 모임, 서클에 들어가는 편이 속 편하다. 일반적으로 새 모임의 2/3 이상은 이전에 어떤 모임에도 소속되지 않았던 사람들로 구성된다. 여러 개의 모임이 새롭게 시작되어야 하겠지만, 그렇다고 모든 모임이 동시에 시작될 필요는 없다. 예를 들어, 주일 어른 성경공부반이 한 개뿐인 교회는 첫해에 한 반만 더 늘리면 된다. 세 번째 반은 그 다음 해에 늘리기로 하고 말이다.

소형 교회의 성장 전략 6 – 새로 나온 사람들을 참여시키라.

소형 교회의 새신자나 정규 방문자가 쉽게 소속감을 갖게 될 거라 흔히들 생각하지만 이것은 오해다. 실제로 새신자나 정규 방문자가 소속감을 갖게 되기까지는 교회 사역에 대한 상당한 참여가 요구된다. 문제는 새신자들의 참여도에 있는 것이 아니라 교회가 그들에게 중요한 업무를 맡기지 않는다는데 있다.

문제의 상당한 부분은 대부분의 소형 교회에서 발견되는 싱글 셀의 가족 중심적 성향과 관련이 깊다. 소형 교회 성도들은 새신자에 대하여 은밀한 심사 기간을 정해 놓는다. 새신자가 스스로를 증명할 때까지 주요 직분과 사역은 일단 보류다. 그 결과 운영위원회, 부서, 사역팀들은 내부 지향성과 비효율성 그리고 중복성을 벗어나기 어렵다.

교인이 되는 것과 소속감 사이의 간격을 메우기 위해서 소형 교회는 최대한 빨리, 적어도 6개월 이내에 새가족들이 사역에 참여하도록 애써야 한다. 이 기간을 넘기면 새가족들은 이내 방관자가 되거나 결국은 교회를 떠나게 될 것이다. 밥 목사님은 권하길 소형 교회는 새가족의 90%가 첫 방문 후 6개월 이내에 사역에 참여할 수 있도록 목표를 정하라고 했다.

소형 교회를 위한 이 모든 전략들이 내 마음에 깊이 와 닿았다. 당장 우리 교회에서 어떻게 적용해야 할지 알 것 같았다. 물론 밥 목사님의 명강의는 여기서 끝나지 않고 중형, 대형 교회를 위한 전략들로 이어졌다.

중형 교회의 성장 전략 1 – 자기만의 정체성을 개발하라.

중형 교회는 지역 사회 안에서 자기만의 정체성을 확립하기 위해 핵심 사역을 세울 필요가 있다. 연구에 의하면 건강한 중형 교회는 대개 지역 사회에 소문이 난 최소 한 개의 사역이 있다고 한다. 어떤 교회는 유치원으로 유명하다. 어떤 교회는 살아있는 예배로 널리 알려졌다. 또 어떤 교회는 노인 학교로 이름이 알려졌다.

중형 교회는 독특한 정체성을 확립하기 위하여 다음과 같은 질문들을 던져 보아야 한다.

방문자들은 처음에 어떻게 우리 교회에 대해 들었는가?
우리 교회에서는 어떤 사역이 전도에 가장 효과적일까?
우리의 간판 프로그램은 무엇인가?
지역 사회에서 우리는 무엇으로 유명한가?

일단 중형 교회가 지역 사회에서 가장 잘 알려진 사역을 찾으면, 그 사역을 교회 안팎으로 강조해야 한다. 유명세와 가시성에 힘입어 더욱 많은 사람들을 끌어당기게 될 것이다.

중형 교회의 성장 전략 2 – 사역자를 늘리라

사역자를 늘리지 못하고 담임 목사와 비서가 교회의 모든 프로그램을 감독하길 기대하는 교회는 정체에 빠지거나 퇴보한다.

교회는 주일오전 참석자가 평균 200명에 도달하기 전에 두 번째 사역자를 채용해야 한다. 계속적인 성장을 원한다면, 예배자가 300명에 이를 때 세 번째 사역자를 추가 채용해야 한다. 이 시점에서 세 번째 사역자를 채용하면 교회는 400명의 벽을 넘을 수 있는 최상의 기회를 맞게 된다. 이 같은 사역자 추가 채용 양식을 따르면 사역 확장의 기회가 더욱 높아진다.

성장하고 있는 중형 교회는 또한 보조 인력이 필요하다. 비서, 관리인, 청소부, 인턴 등의 다양한 보조 인력들의 가치를 과소평가해서는 안 된다. 연구에 따르면, 교회는 사역자 두 명 당 최소 한 명, 아마도 그 이상의 보조 인력이 필요하다고 한다. 따라서 사역자 두 명에 비서 한 명이, 사역자 네 명에 비서 두 명이 필요한 것이다. 사역자에게 비서 인력이 배정되는 것을 가정한 말이지만, 실제로 그런 일은 매우 드물다. 성장하는 교회는 청소부를 비롯한 모든 보조 직원을 다 세웠을 경우, 보조 인력과 사역자의 비율이 일대일에 가깝다.

중형 교회의 성장 전략 3 – 시설을 반복적으로 사용하라.

이번 성장 전략에 더 재미있는 제목을 붙여보자면 '건축 만능주의 치료법' 정도가 되겠다. 성장하는 중형 교회는 결국 공간 부족을 절감하게 된다. 한 가지 확실한 해결책은 부지를 사서 건물을 새로 짓는 것이다. 그러나 이 선택은 교회 예산에 부담을 주어 사역자 추가 채용과 같은 다른 곳에 필요한 재정을 불가능하게 만든다. 일반적으로 교회 예산의 50% 혹은 그 이상이 임대료, 시설비, 유지비에 쓰일 때 사람은 건물의 노예가 된다. 밥 목사님은 말했다.

복잡한 건축 프로젝트는 종종 건물에 대한 집착을 낳는다.

더 나은 해결책은 기존의 시설을 반복적으로 사용하는 것이다. 여러 차례의 예배, 주일 학교와 사역을 통해 교회는

- 정체를 면한다.
- 새로운 사람들에게 다가간다.
- 비용의 증가 없이 수입을 늘린다.
- 전체 참석률을 증가시킨다.
- 모임을 늘린다.
- 다양한 사역을 제공한다.
- 더 많은 참여자를 얻는다.

더 나아가, 소규모 시설로 남는 교회는 다음 세 가지 중요한 일을 감당해 낼 수 있다.

1. 대형 교회의 자원을 누리면서 소형 교회의 이점을 보유한다.
2. 사람들의 교제가 지속되도록 돕는다.
3. 친밀감을 유지한다.

중형 교회의 성장 전략 4 – 예배 횟수를 늘리라.
대부분의 중형 교회가 이미 두 차례의 예배를 드리고 있는 반면, 어떤 교회는 서너 번의 예배 시간 외에도 개신교에서는 흔치 않은 저녁예배까지 드린다.

밥 목사님은 중형 교회가 기존의 건물에서 서너 번의 예배를 드릴 때까지는 교회재건축을 당분간 미루라고 당부했다. 그렇게 함으로써 교회는 때가 당도했을 때 더욱 튼튼한 기반을 갖출 수 있다. 더욱 중요한 이점은 예배 횟수를 늘림으로써 중형 교회가 멀티플 셀로 발전할 수 있다는 점이다. 중형 교회가 멀티플 셀로 발전하면 할수록 늘어난 셀의 희생물로 전락할 가능성은 줄어든다.

이뿐 아니라, 중형 교회는 회중 집단의 수를 늘리는 일도 심각하게 고려해 보아야 한다. 물론 예외도 있지만 사람이 가진 신체적, 정신적 에너지는 한정되어 있기 때문에 대부분의 목사님들은 주일 하루에 3차례 이상 설교하기가 어렵다. 교회가 네 번의 예배를 드릴 때, 모든 예배에서 동일한 열정으로 설교할 수 있는 목사는 거의 없다. 중형 교회 중에는 부목사를 세워 한 두 개의 예배를 맡김으로써 성공적으로 회중 집단의 수를 늘린 교회도 있다. 서로 믿고 신뢰하는 재능 있는 설교자가 최소 2명만 있으면 가능한 일이다. 제대로만 시행된다면 교회는 멀티플 셀을 넘어 멀티플 회중으로 도약할 수 있다.

중형 교회의 성장 전략 5 −장기 계획을 세우라.

계획은 교회에 방향성을 제시해 주고, 목적의식을 통해 성도들에게 동기를 부여한다. 계획 과정이 복잡할 필요는 없지만 회중의 필요, 전도 대상자들에게 다가갈 수 있는 기회, 계획 성취를 위해 현재 가능한 자원들, 단계별 시행 절차 등은 고려해 보아야 한다. 다음의 핵심 질문들을 생각해 보라.

현재 우리가 하고 있는 사역은 무엇인가?

우리의 사고와 계획을 지배하는 것은 무엇인가?

우리 중 가장 헌신적인 사람들은 어떤 직분에 있는가?

앞으로 5~10년 동안 하나님께서는 우리가 무엇을 하길 원하시는가?

우리가 그의 부르심에 순종한다면 어떤 변화가 일어날 수 있을까?

중형 교회는 단순히 문제와 약점을 제거하기 위한 계획은 피해야 한다. 회중의 강점을 바탕으로 계획을 세우는 편이 훨씬 더 바람직하다. 핵심 질문은 이렇다. "우리는 무엇을 가장 잘 하는가?"

소심해 지려는 유혹을 떨쳐 버리라. 중형 교회는 소형 교회가 아니다. 사람들은 여전히 소형 시절의 좁은 생각의 틀을 고집할지도 모른다. 하지만 장기 계획을 세울 때 중형 교회는 반드시 크게 생각해야 한다. 크게 생각함으로써 중형 교회는

- 혁신한다.
- 기회에 집중한다.
- 변화를 수용한다.
- 계획을 가지고 위험을 감수한다.
- 미래를 향한 하나님의 꿈을 꾼다.

중형 교회의 성장 전략 6 – 사역의 질을 높이라.

오늘날 사람들은 과거 어느 때보다 교회에 높은 기대치를 갖고 있다.

목사님은 말하길, 중형 교회의 사역과 시설은 성도들의 필요나 기대치보다 한 수 우위여야 한다고 했다. 예외는 언제나 존재하지만, 대개 사람들은 자기의 사회경제적 지위보다 조금 더 나은 교회에 참석하는 경향이 있다. 예를 들어, 평소 에어컨에 익숙한 생활을 하는 사람들은 교회에도 에어컨이 있음은 물론이고, 그것이 자기 것보다 더 좋은 것이기를 기대한다. 교회 유아 프로그램이 주중에 아이들이 다니는 기관과 비슷한 수준이어서는 결코 부모들을 만족시킬 수 없다. 그들은 더 나은 수준을 기대한다. 집과 차에 최신 음향 시설을 갖춘 사람들은 교회의 음향 시설 또한 흠잡을 데 없기를 기대할 것이다. 따라서 교회의 전반적인 서비스 수준을 끌어올리기 위해서는 사역의 질을 최대한 높여야 한다.

중형 교회가 우선순위를 두어야 할 다섯 가지 중심 영역은 시설, 예배, 아동부, 리더십 그리고 사역자이다. 한 연구는 믿지 않는 자들을 대상으로 '만약 교회에 참석하게 된다면, 무엇을 기대할 것인가?'라는 질문을 던졌다. 두 가지 지배적인 대답은 지루하지 않은 예배와 탁월한 어린이 프로그램이었다. 이 두 가지는 교회의 질을 높이기 위해 반드시 포함되어야 하는 사역이다. 이 사역들의 질을 높이기 위해서는 교회의 리더십과 사역자가 함께 성장해야 한다.

중형 교회가 직면하는 가장 어려운 현실 중 하나는, 교회를 소형에서 중형으로 자라게 한 리더들과 사역자들이 더 이상은 자라게 할 역량이 없다는 사실이다. 사역의 질을 높인다는 것은 목회자와 평신도 지도자의 질을 높인다는 의미이기도 하다. 중형 이상으로 계속 자라고 싶다면, 지속적인 리더십 훈련이야말로 필수 요소다. 한두 개의 효과적인 사역으로 성장하는 중형 교회도 있겠지만, 만일 시설 및 프로그램과 함께 목회자와 리더의 전반적인 질이 지속적으로 향상되지 못하면 정체에 빠지고 말 것이다.

교회의 성장 단계마다 이해하고 직면해야 할 문제들이 각각 다르다. 이제는 대형 교회의 성장 전략을 다룰 차례다.

대형 교회의 성장 전략 1 – 비전을 새롭게 가지라.

교회가 성장하기 위해서는 비전이 필요하다. 모든 대형 교회는 한때 원대한 비전을 가지고 있었다. 이것이 오늘의 대형 교회를 있게 한 비결이다. 하지만, 성장 과정 중에 본래의 비전을 성취했거나 아니면 모두가 안다는 가정하에 더 이상 비전을 얘기하지 않는 경우가 발생한다. 두 경우 모두 대형 교회로서는 위험 신호다.

비전은 교회의 장수 비결인 반면, 비전을 상실하거나 망각한 대형 교회는 목적 없이 표류하게 된다. 회중의 모든 에너지와 자원은 현상유지에 충당되고 말 것이다. 성장은 정체에 자리를 내어주고, 정체는 곧 퇴보로 이어진다. 비전을 등한시하는 대형 교회는 궁극적으로 다음 영역에서 궁핍하게 될 것이다.

- 목적
- 방향성
- 동기

- 노력
- 창의성

　과거의 성장을 지속시키기 위해서 대형 교회는 비전을 새롭게 제시하고 정기적으로 회중에게 알려야 한다. 교회가 더욱 커지고 복잡해질수록 비전선언문은 모든 사람들이 기억할 수 있는 짧은 문구로 축약되어야 한다.

　밥 목사님은 47개 단어로 된 한 대형 교회의 비전 선언문에 대해 얘기했다. 교회는 사람들이 그렇게 긴 문장을 기억할 수도, 열정을 품을 수도 없다는 사실을 깨달았다. 리더들은 모든 성도들이 이해하고 자신의 것으로 삼을 수 있는 짧은 문장을 만들기 위해 머리를 맞대었다. 몇 차례의 모임 끝에 결국 47개의 단어는 10개로 줄어들었다. 교회는 짧은 문장의 비전을 회중에게 전했다. 밥 목사님은 자신의 경험을 바탕으로 적극 권하길, 대형 교회는 회중 전체가 비전이 무엇인지 알 수 있도록 매달 한 번씩 설교 시간을 비롯하여 최소 다섯 가지 다른 통로를 통해 비전을 알려야 한다고 했다.

대형 교회의 성장 전략 2 - 정착 계획을 세우라.
　대형 교회가 성장할 때 직면하게 되는 도전은 손익 장부와 비교할 수 있다. 수입란에 있어서 대형 교회는 대체로 성적이 좋다. 활짝 열린 정문으로 새로운 사람들을 상당수 끌어당길 수 있다. 그러나 지출란은 영 신통치가 않다. 새로 온 사람들 중 상당수가 교회에 정착하기보다는 역시

활짝 열린 뒷문을 통해 떠나 버린다. 따라서 대형 교회가 극복해야 할 주요 장애물 중 하나는 "손익 장부"의 균형을 이루는 일이다.

일정한 정착 과정을 계획하고 시행함으로써 이러한 균형에 도달할 수 있다. 정착 과정은 대체로 다음과 같은 절차들을 포함한다.

1. 정착 과정을 계획하고 관리할 사역자를 선임한다.
2. 정착 담당 사역자와 함께 일할 팀이나 부서를 결성한다. 팀은 새로 온 사람들의 정착 상황을 규칙적으로 체계를 가지고 주의깊게 관찰한다. 새로 오는 사람들의 수가 늘 많기 때문에 이 같은 추적 활동은 대체로 일 년 정도만 지속된다. 새로 온 사람이 첫 해 동안 모임이나 반에 참여하게 될 때 비로소 정착이 이루어진다.
3. 교회 활동에 참여하는 절차를 분명히 명시하고 알린다. 이 절차는 다음 중 최소 몇 가지를 포함하고 있어야 한다. 새로 온 사람들에게 교회의 가치, 목적, 비전을 소개하는 새가족 오리엔테이션, 새로 온 사람들이 정기적인 사랑과 돌봄과 지원을 받을 수 있는 모임이나 성경공부반에 참여하는 방법, 새로 온 사람들을 훈련하여 교회 안팎의 사역에 배치하는 방법.
4. 새로 온 사람의 정착을 정기적으로 축하한다.
5. 정착 과정의 전반적인 효과를 꾸준하게 평가하고 필요에 따라 조정한다.

대형 교회의 성장 전략 3 —절차를 간소화하라.

대형 교회의 관료주의 성향을 뿌리 뽑기 위해서는 불필요한 부분을 잘라내어야 한다. 불필요한 부분이란, 정당한 이유 없이 신성시 되어온 것, 구시대적인 것, 절차를 실행하는 기준이 되어왔지만 알맹이가 없는 시스템과 관행, '늘 해왔던 방식' 등이다. 요즘 추세가 되고 있는 '지방분권화'라는 말로도 표현할 수 있겠다.

대형 교회는 타이밍이 왔을 때 사역 기회를 붙잡을 수 있는 조직 구조를 갖출 때 성장한다. 이것은 항시 존재하는 부서보다는 임시 위원회를 사용하라는 의미이다. 운영 절차에 관해 대형 교회가 귀 기울일만한 좌우명을 하나 소개하겠다.

한 사람이 해결 할 수 있는 일을 왜 위원회가 하는가?

대형 교회가 구조를 간소화하는 방법은 다음과 같다.

- 핵심 가치를 규정하고 그대로 지킨다.
- 목적과 비전을 성취할 수 있는 시스템을 구축한다.
- 사역 잠재력을 극대화하기 위해서 비본질적인 영역의 차이점을 최소화한다.
- 평신도가 하나님이 주신 꿈을 이루도록 힘을 북돋는다.
- 새로운 아이디어를 두려움 없이 시도할 수 있는 분위기를 조성한다.

대형 교회의 성장 전략 4 - 필요 중심의 행사를 주관하라.

슈퍼에 가면 우리는 거의 매주 신상품을 발견한다. '다이어트', '무설탕', '저지방' 상품들이 판을 친다. 왜일까? 제조업자들이 대중의 요구를 듣기 때문이다.

과거에 교회는 교단 본부에서 제작된 프로그램을 무조건 도입하고 사람들의 참여를 기대했다. 오늘날 대형 교회는 이 같은 접근을 180도 바꾸어 먼저 사람들의 필요를 알아야 하고, 그 다음 그 필요를 채울 수 있는 사역을 개발해야 한다.

접근 방법을 바꾸어야 하는 이유를 다섯 가지로 요약해 보겠다.

1. 필요 중심의 사역은 비신자들이 교회의 다른 폭넓은 사역들을 접해볼 수 있는 매개체가 된다.
2. 필요 중심의 사역은 사람들이 실제로 겪고 있는 삶과 동떨어져 있지 않다.
3. 필요 중심의 사역은 사람들이 그리스도를 영접하기에 가장 열려있을 때 문을 두드린다.
4. 필요 중심의 사역은 내부 중심적 사고로부터 교회를 지켜준다.
5. 필요 중심의 사역은 병자와 앉은뱅이를 고치고 주린 자를 먹이신 주님의 본을 따른다.

대형 교회의 성장 전략 5 - 리더십 역할을 조정하라.

대형 교회로서 성장을 지속하고 싶다면 교회가 커짐에 따라 담임 목사, 부교역자, 운영위원회, 이 밖의 여러 부서들의 리더십 역할이 바뀌어야 한다. 적어도 세 가지 핵심 조정이 이루어져야 한다.

1. 회중은 공식적으로 선출된 리더가 이끌어 가도록 허락할 수 있을 만큼 성숙해야 한다. 물론 소형 교회는 대부분의 경우 회중이 이끌어간다. 소명 의식과 우선순위들을 수행하는 일은 담임 목사에게 맡긴 채 말이다. 소형 교회가 중형을 지나 대형으로 자라면 중대한 조정이 이루어져야 한다. 회중은 공식적으로 선출된 리더들을 기꺼이 따라야 한다. 이 과정에서 필요한 여러 조정들 중 하나는 대부분의 의사결정권을 회중에게서 리더에게로 위임하는 일이다. 실질적으로 이것은 담임 목사를 청빙하거나 해고하고, 교회법과 교리를 교정하며, 평신도 리더를 선출하는 모든 권한을 이양하는 것을 의미한다. 이 밖의 모든 결정들을 선출된 리더들의 손에 맡겨야 한다.
2. 운영위원회는 의사결정 조직에서 정책결정 조직으로 탈바꿈해야 한다. 중형 교회에서는 대부분의 의사결정이 운영위원회 및 주요 위원회에서 이루어진다. 그러나 교회가 커지면서 이러한 위원회 임원들은 매일의 세부적인 결정을 내릴 수 있을 만큼 교회 사역 전반과 긴밀한 관계를 유지할 수 없다. 의사결정권은 교회에 대해 가장 잘 아는 고용된 인력의 몫이다. 운영위원회 및 다른 위원회들의 역할은 고용된 인력이 의사결정을 내리는데 바탕이 되는 기본 정책을 마련하는 일로 바뀐다. 이러한 조정을 놓친 교회는 의사결정 과정이 지연되어 결국 거북이 걸음을 면치 못하게 될 것이다.

3. 담임 목사는 직접적인 리더십을 행사해야 한다. 성장하는 교회들에 대한 지난 반세기 동안의 연구들이 공통적으로 지적하는 한 가지 특징이 있다. 성장하는 교회의 담임 목사는 강력한 리더십 역할을 받아들이고 행사한다는 점이다. 소형 교회 목사는 친밀한 관계를 통해 이끈다. 중형 교회 목사는 행정 능력을 통해 이끈다. 그러나 대형 교회 목사는 직접적인 리더십을 발휘해야 한다. 이것은 어떤 면에서 목사가 목적지와 목적지까지 가는 방법을 제시해 줄 것을 회중이 기대한다는 의미이다. 목사는 더 이상 중립적인 입장을 고수할 수 없다. 대신, 교회를 향한 확고한 목적, 비전, 희망을 가져야 한다. '리더 중의 리더'의 역할을 받아들이고 비전을 제시함으로써 교회에 영향력을 행사해야 한다.

대형 교회의 성장 전략 6 – 소그룹의 수를 늘리라.

건강한 대형 교회는 소형 교회의 장점을 본받는다. 목사님은 이것을 '더 적은 것이 더 많은 원칙'이라고 불렀다.

더 커지기 위해서는 더 작아져야 한다.

교회가 점점 더 커져감에 따라 그 효율성은 지속적으로 감소하는데, 성도들을 돌보는 일에 있어서 특히 그렇다. 일정 규모에 도달하면 클수록 좋다는 논리는 더 이상 진실이 아니다.

밥 목사님은 비즈니스 세계를 예로 들어 설명했다. 미국 사람들은 국토를 넓히기 위해 분투했던 조상들의 개척 정신을 늘 수호해왔다. 반면 국가의 물리적 크기에 제한을 받은 일본은 소규모를 통해 더욱 생산적으로 일할 수 있는 길을 찾아냈다. 일본 회사들은 점진적으로 더 작아짐으로써 지속적인 성장을 이루고 있다.

전 세계의 대형 교회들은 소형 교회를 본받아 '더 적은 것이 더 많은 원칙'을 따르고 있다. 교회가 커지면서 대형 교회는 한 때 소형 교회에서만 가능하다고 생각했던 수준의 돌봄이 이루어질 수 있도록 소그룹의 수를 늘렸다. 실제로 대형 교회는 13세 이상의 성도 100명당 6-7개의 소그룹이 필요하다. 이 정도의 소그룹이 있는 대형 교회는 어른 성도의 50-60%가 소그룹 모임에 참석한다. 하지만, 이러한 수준의 소그룹 참여도에 도달하려면 소그룹 확장을 담당하는 전임 사역자가 필요하다.

밥 목사님은 내가 당장 실행할 수 있는 것보다 더 많은 통찰을 전해 줬지만, 소형 교회뿐만 아니라 세 크기의 교회를 모두 배우게 되어 기쁘다. 이제 적어도 우리 교회가 성장해가면서 직면하게 될 일들을 알게 되었다. 성장 전략에 대한 간추린 설명이 나와 우리 교회에 그랬듯이 여러분에게도 도움이 되리라 생각한다.

밥 목사님이 소형, 중형, 대형 교회의 성장 전략에 대한 설명을 마쳤을 때, 평소보다 두 시간이 더 지나있었다. 커피잔을 끊임없이 채워준 종업원에게 미안한 마음이 들어 팁을 두둑하게 남겨놓았다. 그리고 우리 두 사람은 각자의 약속장소로 서둘러 가야 했다.

정리하기

나에게는 소형 교회 전략이 가장 의미 있게 다가왔지만, 각 교회가 처한 상황은 아마 모두 다를 것이다. 이 모든 전략들 중 어떤 것이 여러분 교회의 발전을 위해 가장 시급하다고 생각하는가? 아래에 가장 중요하다고 생각되는 세 가지 목록을 적어보라. 과도기에 있는 교회는 모든 전략들이 다 유용할 것이다.

우리 교회를 위한 핵심 성장 전략
핵심 전략 1:

핵심 전략 2:

핵심 전략 3:

12장

이제 어디로 가야 하는가?

Where To from Here?
이제 어디로 가야 하는가?

💬 아마도 지금쯤 여러분은 밥 목사님과의 만남 후에 우리 교회가 어떻게 변했는지 궁금해 할 것이다. 짧은 시간 안에 참으로 많은 일들이 일어났다!

근심에 쌓여 처음 목사님께 전화를 걸었던 때로부터 벌써 5년이 흘렀다. 지금까지의 변화들을 생각해보니 감사만 남는다. 목사님께 배운 원칙들을 실천한 이후 회중과 리더들은 나의 리더십을 더욱 존중해 주었다. 깨달음을 나누기 전에, 먼저 교회를 변화시키기 위해 내가 밟았던 과정들을 잠시 회상해 보도록 하겠다.

나는 결국 '교회 크기가 다르면 목회가 다르다' 세미나에 참석했다. 바로 그곳에서 우리 교회의 변화를 위해 실행한 '3단계 계획'을 배웠다. '3단계'란 이렇다.

더하라, 나누라, 곱하라!

1 단계 - 더하라

나는 성도 수를 늘리는 일에 집중했다. 이 단계를 통해 새로 온 사람들을 수용하도록 회중을 준비시킬 수 있었다. 나는 먼저 수 년 동안 사랑과 섬김으로 서로를 돌본 우리 교회의 핵심 멤버들을 칭찬해 주었다. 그리고 나서, "나그네를 돌보라"는 제목으로 시리즈 설교를 시작했다. 늘 마음에서 떠나지 않았던 레위기 19장 34절 말씀을 본문으로 사용했다. 말씀은 이렇다, "너희와 함께 있는 타국인을 너희 중에서 낳은 자 같이 여기며 자기 같이 사랑하라. 너희도 애굽 땅에서 객이 되었더니라. 나는 너희 하나님 여호와니라." 나는 이 시리즈 설교를 통해 교회 밖 사람들을 향한 하나님의 관심을 전하고 우리 교회에 오는 방문자들을 사랑해야 함을 강조했다. 몇 달 후, 나그네에 대한 사랑을 의미하는 '손님 접대 hospitality'를 중심으로 같은 주제의 설교를 다뤘다. 두 차례에 걸친 시리즈 설교를 통해 새로 온 사람들에 대한 사랑, 돌봄, 관심, 열린 마음 등의 핵심 가치들을 전할 수 있었다.

우리 교회에 부임한지 얼마 되지 않아 알게 된 점은 성도들이 '서로에 대하여'는 꽤나 알고 있지만 서로를 '진정으로 알지는' 못한다는 사실이었다. 성도 간에 대화하는 법을 모르고서 새로 온 사람과 말을 한다는 것은 불가능하다고 믿었기에, 나는 성도들이 서로 식사초대를 하도록 방안을 마련했다. 이것은 성도들이 방문자들을 환영하는데 필요한 손님 접대

기술을 익히는데 도움이 되었다. 같은 시기에 아내와 나는 교회의 다른 부부와 함께 우리 교회 방문자들을 환영하고 그들의 교회 정착을 돕는데 힘썼다.

이 모든 노력으로 인하여 새로 온 사람들을 향한 문이 열렸다. 그 해 우리 교회는 28명의 새가족을 얻었고, 이것은 미래의 어려움에 대비하여 교회를 준비시키는데 결정적인 단계였음이 증명되었다. 이러한 초기 변화들을 통해 성도들 사이에 전도 의식이 심어졌고, 이것은 다음 단계로 나아가기 위한 기반이 되었다.

2 단계 - 나누라

말도 많고 탈도 많았지만 결국 우리는 예배를 두 차례로 늘렸다. 밥 목사님의 경고대로 쉽지는 않았지만, 멀티플 셀 교회가 되기 위해서는 꼭 필요한 과정이었다. 리더들을 만나 예배를 1, 2부로 나눠야 하는 이유를 설명하는데 꼬박 1년이 걸렸다. 예상했던 대로, 그들은 주로 교제의 기회를 잃게 되지는 않을지, 혹은 매주 서로 얼굴도 보지 못하게 되는 것은 아닌지를 염려했다. 나는 세 가지 대안책을 마련함으로써 반대를 극복할 수 있었다.

첫째, 두 차례의 예배를 6개월만 시험적으로 시행해보자고 제안했다. 6개월 후 평가를 통해 예전의 형태로 돌아갈지 아니면 그대로 남을지를 결정하기로 했다. 시험 기간이 끝났을 때, 리더들은 두 번의 예배 형태로 남기로 했다. 둘째, 두 번의 예배 사이에 교제 시간을 만들었다. 첫 예배는 아침 9시부터 10시 15분까지였다. 예배 후에 10시 15분부터 10시 45

분까지 모든 성도가 참여하는 친교시간을 가졌다. 그 다음 11시부터 12시 15분까지 두 번째 예배를 드렸다. 성도들은 서로 다른 예배에 참석하더라도 이 친교시간을 통해 만날 수 있었다. 주일 학교도 각 예배 시간에 맞추어 두 번에 걸쳐 운영했다. 셋째, 나는 오래된 멤버들 여러 명을 개인적으로 만나 다른 예배에 참석하길 권유했다. 그들 중 충분한 인원이 동의하여 본래의 싱글 셀을 두 개의 셀로 나누는데 성공했다.

3 단계 - 곱하라

두 차례의 예배가 정착된 후에 나는 성경공부반과 모임을 여럿 추가함으로써 새로운 그룹들을 계속해서 늘려나갔다. 몇 년 동안 부진했던 여전도회를 예로 들어 보겠다. 여전도회의 젊은 성도들은 모임에 불만이 많았다. 아내와 나는 그들 중 5명을 만나 새로운 모임을 시작할 것을 권했다. 이 제안이 받아들여져서 현재 우리 교회에는 두 개의 여전도회가 활동한다. 우리 교회에 새로 나온 여성들은 새 그룹이 더 열려있다고 느끼는 것 같다.

나는 또한 남자 성도들에게 우리 교회의 스포츠 사역에 농구팀 두 개를 더 만들도록 권했다. 과거에는 한 팀만 지역 시합에 참가했다. 이것은 성도들 사이에서는 좋은 교제의 장이 되었지만, 지역 사회를 향한 전도의 기회로 삼기엔 역부족이었다. 이제 우리 교회에는 세 팀이 있으며, 선수들은 믿지 않는 친구들을 초청하여 함께 뛸 수 있다. 농구 사역을 시도한 첫 해에, 세 명이 그리스도를 개인의 구주로 영접했고 여섯 가정이 교회에 등록했다. 나는 조금씩 멀티플 셀 교회로 나아가는 우리 교회에 계속해서 새로운 사역을 늘려나갈 계획이다.

현재 우리 교회의 평균 예배 참석자 수는 280명에 가깝다. 우리가 또 다른 도전거리에 직면한 것을 알지만, 크기가 다른 교회들에 대한 배움 덕분에 어떻게 전진해야 할지 감이 온다. 지금까지 내가 깨달은 통찰들이 여러분에게 유용한 정보가 되길 바란다.

첫째, 어떤 사람들은 교회가 성장하길 원한다고 말하지만, 그 말의 속뜻은 교회가 사라지는 것을 원치 않는다는 정도였다. 사역 초기에 나는 모든 교회가 성장하길 원하는 줄로만 알았다. 하지만 성도들이 진정으로 원하는 것은 대가를 치르지 않는 성장임을 곧 깨달았다. 무언가를 시작하거나 멈추기 위해서는 가만히 있을 때보다 훨씬 더 많은 에너지가 필요하다. 많은 교회들이 두 가지 일반적인 법칙을 따른다. 첫째, 움직이고 있는 것을 애써 멈추려 하지 말라. 둘째, 멈추어 있는 것을 움직이려 들지 말라.

이 개념은 물리적인 대상에만 적용되는 것이 아니다. 오래된 습관을 깨거나 새로운 습관을 만드는 일은 어렵다. 전통은 변화에 저항하며, 새로운 아이디어는 즉각적인 지지를 얻지 못한다. 이것은 리더들이 '바퀴에 걸린 돌멩이'를 찾아야 함을 의미한다. 교회를 성장시키는 일은 내리막길을 가는 차와 같다. 일단 시동이 걸리고 가속도가 붙은 차는 울퉁불퉁한 길도 문제없이 달릴 수 있다. 그러나 바퀴 밑에 돌멩이가 하나라도 걸리면 차는 멈출 수 있다. 사역에 참여하는 성도의 10%도 안 되는 수가 교회를 멈추게 할 수 있다. 소형 교회라면 더욱 그렇다. 교회는 변화에 필요한 충분한 에너지를 투자하기 전에 이러한 걸림돌, 혹은 장애물을 찾아 해결하는 일이 시급하다.

둘째, 교회가 어려움에 처하게 되는 주요 원인은 정작 리더들이 교회가 존재하는 근본적인 이유를 망각하고 있기 때문이다. 우리 성도들 중 많은 사람들은 근본으로 돌아가 하나님께서 맡기신 일이 무엇인지 되돌아 볼 필요가 있다. 하나님 말씀이라는 영원한 원칙을 바탕으로 새로운 사명 선언문을 써 보면 좋을 것이다. 리더는 교회가 존재하는 이유에 대해 항상 깨어 있어야 하며, 자신의 교회가 길을 잃고 헤매지 않도록 최선을 다해야 한다. "소형, 중형, 대형 교회 모두 같은 식으로 성공한다네. 자신이 하고 있는 일을 알면 되는 거지." 목사님이 자주 하던 말씀이다. 크기에 상관없이 모든 교회들이 묻고 답해 보아야 할 세 가지 핵심 질문을 소개한다.

1. 우리 교회의 본래의 꿈은 무엇이었는가?
2. 그 꿈은 바뀌었는가 아니면 성취되었는가?
3. 그렇다면, 지금 우리를 향한 하나님의 꿈은 무엇인가?

이 질문들을 묻고 답해 봄으로써 위기를 극복할 수 있을 것이다.

셋째, 리더들은 대체로 문제를 알기는 하지만 문제가 얼마나 심각한지는 제대로 깨닫지 못한다. 우리 교회 리더들은 방문자들이 되돌아오지 않는다는 사실은 알았지만, 문제가 저절로 해결될 것처럼 여겼다. 시간이 어느 정도 흐르자, 마치 부지중에 조금씩 늘어난 허리 살처럼, 성도들은 이 문제에 익숙해져 버렸다. 담임 목사로서 나는 우리가 당면한 문제가 일시적인 것인지, 아니면 영구적인 것인지를 분별하도록 리더들을 도와야 한다는 책임감을 느꼈다. 이것은 만성 질병인가, 차츰 사라질 잠시 잠깐의 아픔인가? 운영위원회가 열릴 때마다 나는 이런 질문을 던졌다, "문제가 정확히 무엇입니까? 이것은 저절로 해결될까요? 그렇지 않다면, 어떤 기회들이 우리 앞에 놓여져 있나요?"

넷째, 성장하는 교회는 모순으로 가득하다. 네 가지 구체적인 예가 떠오른다. 첫째, 성장하는 교회는 사람을 얻기도 하고 잃기도 한다. 새로 정착하는 사람이 있는 반면 떠나는 사람도 있다. 어떤 사람들은 특정 크기의 교회를 선호한다. 교회가 커지면서 그런 사람들은 새로운 크기에 적응하지 못하고 결국 자신들이 좋아하는 크기의 교회를 찾아 떠난다. 떠나는 사람을 보는 것은 고통스럽지만, 피할 수 없는 일이다.

둘째 모순은 들어야 할 때와 듣지 말아야 할 때라고 하겠다. 사람들의 말을 듣고 그대로 따라야 할 때뿐만 아니라 듣고 따르지 말아야 할 때를 아는 것이 지혜다. 불만이 있는 사람은 들어주길 원한다. 나는 한 집사님이 결혼 생활의 어려움을 털어놓을 때 귀를 기울였다. 입원해 있는 가족에 대해 얘기할 때도 들었다. 믿지 않는 친구에 대해 말할 때도 들었다. 그러나 예배당이 너무 춥다고 불평하는 소리에는 귀를 기울이지 않았다. 리더는 모든 사람을 만족시킬 수 없다.

셋째 모순은 혈기와 세우기이다. 새로운 사람들이 많아지면서 더 넓은 공간이 필요해지자 우리는 정기적으로 시설을 개조하거나 새로 건설해야 하는 결정을 내려야만 했다. 더 많은 차를 수용하기 위해 옛날 주차장을 헐고 새로 만들었다. 또한 다양한 필요들을 돌보기 위해 비효율적인 예산 항목들을 없애고 교회 재정을 재편성했다.

넷째 모순은 좋은 날과 나쁜 날이다. 교회 성장의 어둠의 골짜기에 대해 들어본 사람은 거의 없겠지만 분명히 존재한다. 참석률이 저조하고, 재정이 바닥나며, 어려운 교회 사정 때문에 어쩔 수 없이 사람을 해고하고 축 쳐져 지내던 나쁜 날들을 기억한다. 그러나 우리는 장기 계획에 초점을 맞추었고, 좋은 날이 오길 기대했다. 결국 사람들이 그리스도를 영접하고, 참석률이 예상치를 넘어서며, 새 사역이 뿌리를 내리는 좋은 날들이 도래했다. 위대한 꿈을 좇다 보면 좋은 날도 만나고 나쁜 날도 만난다.[1]

다섯 번째 깨달음은 모든 크기의 교회가 창조적인 새 사역을 시작하기 전에 '기반 사역Home Base Ministries'이라는 것을 갖추고 있어야 한다는 점이다. 사람들은 교회가 크기에 상관없이 특정한 기반 사역을 지니고 있길 기대한다. 교회가 필요로 하는 여섯 가지 기반 사역으로는 아동부, 중고등부, 기독교 교육, 예배, 행정, 재정을 들 수 있다. 지난 삼 년 동안 우리는 이러한 핵심 사역들을 정착시키기 위해 힘써왔다. 이 사역들이 제대로 자리잡은 지금, 우리는 교회 확장에 도움이 되는 혁신적인 프로그램을 시작하는데 집중할 수 있다.

여섯째, 새로운 사역을 개발함에 있어서 성도들에게 폭 넓은 기회를 제공해야 한다. 이제 우리 교회 운영위원회는 거부권을 행사하기 보다는 사역에 대한 성도들의 새로운 의견들을 적극 지원해준다. 우리가 사역 팀들에게 요청하는 단 한 가지는 교회의 교리, 도덕, 윤리, 재정, 사역자와 조화를 이루라는 것뿐이다. 새 사역에 대한 창조적인 생각을 가진 성도가 있으면, 동역할 수 있는 성도 다섯 명을 더 찾아, 어떻게 그 새 사역이 교회의 사명을 성취시켜 주는지 보여줄 수 있는 계획안을 만들어 운영위원회에 제출하게 한다. 지금까지 새로 시작된 사역은 세 개에 불과하지만, 내년에는 더 많길 기대한다.

내가 배운 가장 큰 교훈은 미래에 대한 계획의 중요성이다. 우리가 직면하게 되는 마지막 질문은 항상 이렇다, "이제 어디로 가야 하는가?" "당신이 계획하기를 실패했다면, 실패를 계획한 것이다"라는 격언을 기억하라. 다음은 독자들에게 강권하고 싶은 사항들이다.

- **항상 기도하라.** 기도는 성장의 환경을 조성하는 막강한 요인이다. 지역 사회를 위해 기도하도록 성도들을 권면하라. 각 블록 혹은 구역마다 사람들을 배정하여 기도하게 하라. 믿지 않는 친구, 이웃, 가족들의 목록을 만들라. 성도들이 자신이 작성한 사람들의 구원을 놓고 정기적으로 기도할 수 있게 격려하라.

- **현실을 직시하라.** 성도들이 교회의 현주소를 보도록 돕기 위해서

여러 질문을 던지라. 좋은 질문들을 소개하자면 이렇다. 우리 교회의 크기는 어떠한가? 이 크기의 교회로서 우리에게는 어떤 성장의 기회가 주어졌는가? 지금까지 하나님께서는 우리 교회를 통해 어떤 일을 성취하셨는가? 하나님께서는 우리에게 어떤 기회를 주셨는가? 교회를 향한 하나님의 꿈을 이루는데 어떤 장애물들이 놓여 있는가? 어떻게 이런 장애물들이 기회로 바뀔 수 있을까?

• **비전을 알리라.** 교회는 하나님께서 주신 원대한 비전을 갖고 있어야 한다. 비전은 교회가 나아가야 할 방향을 제시해 준다. 교회가 성장하기 시작할 때 비전을 계속해서 나누지 않으면 사람들의 마음에 좌절감이 쌓일 수 있다. 밥 목사님이 말했다, "일반적으로 성도들은 2주 안에, 리더들은 4주 안에 비전을 잊어버리죠." 비전을 나누다가 사람들에게 제대로 전달되기도 전에 지쳐버릴지도 모른다.

• **리더들에게 '교회 크기가 다르면 목회가 다르다'는 것을 가르치라.** 교회가 성장해 감에 따라 시간을 할애하여 리더들이 어떤 변화가 필요한지 볼 수 있도록 도우라. 한 가지 좋은 방법은 이 책에 소개된 원칙들을 함께 공부하는 것이다. 교회가 더 커질 뿐 아니라 특성이 달라진다는 것을 이해하면 그들의 마음에도 등불이 켜지게 될 것이다.

• **성도들을 지속적으로 돌보라.** 초대 교회에 있었던 초창기 문제들 중 하나는 교회가 '수적으로 성장'하면서부터 일어났다. "그 때에 제자가

더 많아졌는데 헬라파 유대인들이 자기의 과부들이 그 매일 구제에 빠지므로 히브리파 사람을 원망한대…"(사도행전 6장 1절) 초대 교회가 직면한 첫번째 문제는 성도를 돌보는 문제였다! 교회에 새가족이 늘어남에 따라, 그 사람들을 돌볼 방편 또한 마련되어야 한다. 돌봄 시스템은 그 누구도 군중 속의 고독을 느끼지 않도록 기존의 성도와 새가족 모두를 위해 운영되어야 한다.

• **인내로 기다리라.** 추수하기 전에 밭 갈고, 씨 뿌리고, 물주고, 잡초를 뽑는데 시간을 들일 수 없다면, 당신은 교회가 성장하도록 이끌 수 없다. 추수는 서두른다고 되는 일이 아니다. 기다리며 일하는 동안 실현 가능한 목표를 세우라. 위대한 축구 선수 펠레Pele는 이렇게 말했다.

> 성공은 얼마나 많은 경기에서 이겼는가가 아니다.
> 패배 후 얼마나 열심히 연습했는가이다.

우리 모두가 따라야 할 좋은 표어가 아닐 수 없다. 우리의 노력이 기대했던 결과를 가져다주지 못할 때도 많을 것이다. 우리는 포기하지 말고 성장을 위한 환경을 조성하기 위해 계속적으로 하나님과 동역해 나아가야 한다.

좌절감을 나누고 배움을 얻은 기회 덕분에 내 인생과 더불어 우리 교회는 큰 전환을 경험했다. 교회를 크기 별로 이해함으로써 얻는 이점은 실로 크다. 사무실에 앉아 있노라면 우리 교회가 만나는 여러 장애물과 기회가 여전히 보인다. 하지만, '교회 크기가 다르면 목회가 다르다'는 원칙을 통하여 앞으로 겪을 일들과 교회가 다음 크기의 교회로 나아가기 위해 밟아야 할 단계를 알 수 있다.

마지막으로 만난 날, 밥 목사님은 나에게 '교회 크기가 다르면 목회가 다르다'를 토대로 다른 사람을 지도해 볼 것을 권유했다. 교회 사역만으로도 도전거리가 충분하지만, 내 깨달음을 나눌 준비는 되어있다. 도움이 필요한 사람이 있다면 언제든 환영이다.

| 감사의 말 | ● 게리 맥킨토시

어떻게 보면 모든 책은 공동 작업에 의해 만들어진다. '교회 크기가 다르면 목회가 다르다'도 예외는 아니다. 이 책 전반에 걸쳐 소개된 개념들이 구체화 되도록 도와주신 모든 분들께 감사의 마음을 전한다.

지난 14년 동안 상담해온 500여 교회의 목사님들과 회중들…

이 책에서 설명하는 개념들 중 일부를 나에게 처음 소개해준 친구이자 미주 교회 성장 협회Institute for American Church Growth, 1983-1986 동료인 로버트 오어 목사

바쁜 일정에도 불구하고 시간을 내어 이 책의 초고를 읽어 주고 격려와 조언을 아끼지 않으신 목사님들: 말론 프리센 박사, 테드 마르티네스 박사, 제이. 마이클 브로이얼즈 박사, 길 스티글리츠 박사, 존 슈메이트 박사, 제리 루업 박사, 마이클 브레더릭 박사, 로렌조 곤잘레스 박사, 데이비드 매킨리 박사, 마크 벨로카니 박사, 랄레 갈건 박사, 호젤 프란치스 박사

책 집필을 위해 학교를 떠나 있는 동안 도와준 탈봇 신학교 행정 조교들: 메건 깁슨, 캐시 젠슨

다듬어 지지 않은 초고를 교정해준 며느리, 로라 맥킨토시

플래밍 레블Fleming H. Revell 편집부: 윌리엄 피터슨, 메리 쑤그, 그리고 이 책의 출판을 위해 보이지 않는 곳에서 애쓰고 격려해준 이들.

옮긴이의 말

● 남예리

　사랑에 다섯 가지 다른 언어가 있다면 교회를 사랑하는 것도 마찬가지입니다. 목회자와 교회 지도자들이 최선을 다해 교회를 돌보고 사랑하려고 하지만 맘처럼 되지 않을 때가 허다합니다. 무엇이 문제인지 알고자 하는 리더들에게 조심스럽게 물어보고 싶습니다. 사랑의 기술이 부족했던 것은 아니었는지.

　이 책은 교회를 사랑하는 기술을 가르쳐줍니다. 소형 교회/중형 교회/대형 교회는 각각 사랑의 언어가 다르다고 말합니다. 큰 교회에서 통했던 사랑의 언어는 작은 교회에서는 통하지 않기 때문에 교회가 들을 수 있는 사랑의 언어를 찾아 그 언어로 사랑을 표현해야만 비로소 사랑이 전달된다고 호소합니다. 사랑을 먹은 교회는 건강하게 자랄 수 있다고 믿습니다. 모든 생명체가 그렇듯이 말입니다. 교회의 지도자들이 이 책을 통해 사랑의 기술을 습득하여 더욱 지혜롭게 교회를 사랑하고 양육할 수 있길 소망합니다.

펴낸이의 말

　목회 성공 사례는 쏟아져 나오지만 목회의 실상을 진솔하게 알려주는 책은 드뭅니다. 많은 신학생이 땀 흘리며 교회의 미래를 책임질 목회자로서 훈련받고 있지만 교회의 대다수를 차지하는 소형교회의 담임목회자로서 사역할 준비를 갖추는 사람은 적습니다. 많은 예비사역자가 가게 될 소형교회에 대한 강의는 적고, 소수의 사람만이 맡게 될 대형교회 사역에 관한 자료는 지나치게 많습니다.

　견고한 믿음의 공동체가 되어 복음을 전할 하나님 교회는 일반적으로 소형교회임에도 건강해야 할 소형교회 지도자들은 상대적인 열등감에 시달립니다. 반면 사람은 많으나 공동체성이 부족하고 성숙한 리더의 비율이 적어서 고민해야 할 대형교회는 근거없는 우월감으로 자만하기 쉽습니다.

　이 책 〈교회가 다르면 목회가 다르다〉는 하나님 나라를 이루는 아름다운 지체로서의 소형교회와 중형교회와 대형교회의 가치를 다시 깨닫게 하며 교회를 섬기는 지도자들에게 각 공동체를 향한 부르심을 다시 일깨워 줄 것입니다.

주

제 1장 | 우리 교회의 크기는?

1. 다양한 규모의 1,000 개의 교회를 조사한 버지니아 린치버그의 교회성장 연구소의 이 연구에서 464교회, 즉 전체의 54 퍼센트의 교회가 소형 교회와 대형 교회의 문제를 함께 갖고 있다고 응답하였다. "Myth #3: Smaller Churches Have Different Problems than Larger Churches" (Lynchburg, Va.: Church Growth Institute, n.d.)를 볼 것.
2. 교회 크기별 전략에 대한 더 많은 자료는 다음 주소로 연락하라. Dr. Bill M. Sullivan, Church of the Nazarene, Division of Church Growth, 6401 The Paseo, Kansas City, MO 64131.
3. Lyle E. Schaller, "Looking at Churches by Type," Church Management (April 1972), 7쪽.

제 2장 | 우리 교회는 어떤 특성을 지녔는가?

1. C. Wayne Zunkel in Growing the Small Church: A Guide for Church Leaders (Elgin, Ill.: David C. Cook, 1984), 3쪽 인용.
2. Jim Kerr, "Hey, Small Church! Lift Your Head High!" Growing Churches (April, May, June, 1991), 3쪽.
3. Lyle E. Schaller, "Music in the Large Church," Choristers Guild Letters 21, no. 7 (March 1980): 28쪽.
4. Carl Dudley, "Fundamentally Different Orientations in Life," The Five Stones (summer 1993), 7~8쪽.

5. 쉘러는 125,000 개의 교회와 20개 교단을 조사한 데이터베이스를 토대로 연구했다. 전체 보고서는 Lyle E. Schaller, "What Is Your Favorite Number?" Net Results (May 1997), 13~14쪽을 볼 것.
6. Lyle E. Schaller, "Are Midsize Churches an Endangered Species?" Net Results (August 1996), 5쪽.

제 4장 | 누가 방향을 정하는가?
1. C. B. Hogue, "Spiritual Leadership," Growing Churches (winter 1995), 10쪽에서 인용.
2. Lovett Weems Jr., Church Leadership (Nashville: Abingdon Press), 19~20쪽에서 인용.

제 5장 | 담임 목사의 역할은 무엇인가?
1. 이 장의 여러 부분은 Lyle E. Schaller, "What Does Your Pastor Do Best?" The Christian Ministry 15, no. 2 (March 1984): 27~28쪽을 참고했음.
2. John C. Maxwell, Developing the Leader within You (Nashville: Thomas Nelson, 1993), 1~17쪽.

제 6장 | 의사결정은 어떻게 이루어지는가?
1. John D. Huff, "Five Guiding Principles of Effective Church Ministry," Effective Decision-Making for Church Leaders (Monrovia, Calif.: Church Growth, Inc., 1988), 2~5쪽.

제 7장 | 사역자 구성이 끼치는 영향은 무엇인가?
1. John Vaughan, "What It Takes to Be a Growth Leader," Growing Churches (October, November, December, 1993), 55쪽.
2. L. Ronald Brushwyler, "Bi-Vocational Pastors: A Research Report," The Five Stones (spring 1994), 8쪽.

3. Dale E. Jones, "Research and Trends," GROW 4, no. 1 (spring 1993), 57쪽.

제 9장 | 교회는 어떻게 성장하는가?

1. 찰스 밴 엔겐은 이 욕구를 교회성장을 위한 '동경'이라고 칭한다. Charles Van Engen, The Growth of the True Church (Amsterdam: Rodopi, 1977)를 볼 것.
2. Dale E. Jones, "Research and Trends," GROW (summer 1994), 53쪽.
3. Dale E. Jones, "Research and Trends," GROW (spring 1998), 55쪽.
4. Nicholas B. van Dyck, "Get Ready, Get Set, Invite a Friend," Net Results (June 1990), 3~7쪽.

제 12장 | 이제 어디로 가야 하는가?

1. John Duncan, "Church-Growth Paradoxes," Growing Churches (October, November, December, 1993), 7~8쪽.

교회가 다르면 목회가 다르다

초판1쇄 인쇄 2010년 11월 25일
초판1쇄 발행 2010년 11월 30일

지은이 게리 맥킨토시
옮긴이 남예리
펴낸이 김범수

펴낸곳 권서인 • **출판등록** 25100-2009-000039호
주소 서울 광진구 자양3동 우성1차 아파트 101-103
e-mail Kwonsoin@gmail.com or theColporteur@gmail.com
전화 0707-135-5551
ISBN 978-89-965495-0-5(03230)

독자의 의견을 기다립니다.
가격은 뒤표지에 있습니다.
이 책은 환경보호를 위해 재생종이를 사용하여 제작하였으며,
한국간행물윤리위원회가 인증하는 녹색출판 마크를 사용하였습니다.

기독교의 권서인colporteur은 1831년 프랑스에서 시작되었다. 당시 프랑스 파리왕립대학의 언어학 교수였던 장 다니엘 키에퍼는 집집마다 방문하여 신약성서와 쪽복음을 보급하는 방식을 고안했다. 이 새로운 전도 방법은 영국으로 건너가 영국성서공회의 권서인 사역colportage으로 발전한다. 가난한 사람도 저렴하게 성경을 사서 읽게 하여 복음을 전한 권서인 사역은 각 나라말로 성경을 번역해서 하나님의 말씀을 전했던 종교개혁의 정신과도 닿아있다.

권서인은 고도의 신학훈련을 받지는 않았지만 단순히 성경을 팔기만 하는 성서공회의 직원에 머물지도 않았다. 성경 이야기를 들려주는 이야기꾼이자 신앙경험을 간증하는 전도자였고 낯선 문화에 성경을 전하는 선교사였다. 영국성서공회의 기록에 남아있는 1903년 당시 권서인들의 모토에서 이들의 각오를 짐작할 수 있다.

"가서 모든 민족을 가르치라.
어려운 외국어나 낯선 풍습이나 세상 정부의 힘, 아무것도 무서워 마라.
강이나 산이 가로 막아도 개의치 말라. 그저 똑바로 나아가라.
너를 보내신 하나님 그 천둥소리처럼 나아가라.
창조주의 말씀은 흑암과 혼돈 가운데 생명을 주셨다.
독수리처럼 가라. 천사처럼 가라. "

이들 권서인은 아프리카 부족과, 중동의 사막과, 러시아의 시베리아 벌판에서, 브라질과 과테말라의 바나나 농장에까지 나아가 어려움을 무릅쓰고 성경을 전달했는데 그중 일부는 중국과 한국에까지 와서 우리 민족에게 복음을 전한 첫 증인이 되었다. 또한 이들이 전해준 성경을 읽고 변화된 사람들의 극적인 회심 이야기들은 영국 교회에 선교의 열정을 불러일으키는 기폭제가 되었다.

동양권에서 전도부인으로 불리던 여성 권서인은 구중궁궐에 갇혀있던 당시 여성들에게 복음의 빛을 비춰주었다. 이렇게 성경 말씀을 짊어지고 낯선 마을의 문을 두드리던 권서인은 실로 선교사보다 앞선 현장 사역자였고 투박하지만 진실한 평신도 설교자였으며 산골마다 믿음의 기초를 놓은 교회개척자였다.

도서출판 권서인은 선배 권서인들의 모범을 따라 영적인 겨울로 접어든 전환기의 한국교회를 돕겠습니다.

권서인